남한사람 차재성
북한에가다

남한 사람 차재성 북한에 가다

초판인쇄 · 2001년 8월 8일
초판발행 · 2001년 8월 13일

지은이 · 차재성
펴낸이 · 김종석
편집 · 신사강, 이혜선, 최희정
관리 · 이정애

펴낸곳 · 도서출판 아침이슬
등록 · 1999년 1월 9일(제10-1699호)
주소 · 서울시 마포구 연남동 509-13, 3층(121-240)
전화 · 02-332-6106 / 팩스 · 02-332-6109
인터넷 홈페이지 · www.21cmorning.co.kr
E-mail · webmaster@21cmorning.co.kr

값 8,000원
ISBN 89-88996-15-1 03810

* 잘못 만들어진 책은 바꾸어 드립니다.

남한사람 차재성 북한에 가다

차재성 지음

아침이슬

> **말**을 건네면 금방이라도 살아가는 얘기를
> 스스럼없이 해줄 것 같았고, 목을 축이라며 물이라도 떠줄 것
> 같았던 북녘의 사람들. 고생도 많았지만, 지울 수 없는 얼굴들과
> 흥미롭던 일들은 시간이 지나도 잊혀지지 않습니다.

저자의 뜻에 따라 이 책의 판매 인세는 우리민족서로돕기운동에
전액 기증되어 북녘 동포를 돕는 데 사용됩니다.

추천의 글

차이를 좁혀가는 또 하나의 통일교과서

근래 들어 북한을 방문하는 사람들이 점차 늘고 있지만 아직도 우리에게는 북한 사회, 북한 사람들은 매우 낯설고 미지의 대상으로 남아 있다. 북한이 우리와 같은 핏줄이고 같은 언어를 사용하고 있다는 생각에서 우리는 그들을 매우 잘 알고 있다고 생각하기 십상이다. 그러나 지난 오십여 년 간의 분단 그리고 각기 서로 다른 체제에서 살아오면서 갖게 된 차이는 무시하기 어려울 정도로 크다.

우리는 '통일은 소원'이라고 할 정도로 애타게 노래부르며 살아왔다. 그러나 분단의 벽을 넘어 북한을 방문할 때 갖게 되는 첫 생각은 '과연 우리가 통일을 할 수 있을 정도로 준비가 되어 있는지'에 대한 깊은 의문이다. 통일의 가장 이상적인 모습은 남북한의 합의에 의한 평화적인 통일이며, 그 과정은 점진적이어야 할 것이다. 상호 이질적인 체제를 급진적으로 통일시켰을 때 나타나는 후유증과 문제점들은 이미 독일 통일의 사례에서 충분히 확인되었다. 점진적 통일 과정은 남북한 주민 사이의 상호 이해의 심화, 민족동질성 회복, 남북한 경제체제의 상호 보완 및 협력체계 구축 등을 해나가는 과정이다. 이를 위해 우리는 사회, 경제, 문화, 예술, 교육 등 다양한 분야에서 교류를 활성화하고, 서로의 차이를 좁히려는 노력을 부단히 해야 한다.

이 책은 그런 의미에서 남한 사람이 북한 사회와 북한 사람을 이해하는 데 꼭 읽어야 할 통일교과서라고 할 수 있다. 저자는 이 책에서 케도(KEDO, 한반도에너지개발기구)가 추진하고 있는 신포 경수로건설공사 현장에서, 남북한의 가치관과 생활방식의 차이 때문에 빚어진 일상사를 솔직 담백하게 써내려가고 있다.

이 책에는 남한 사람이 북한에서 지내면서 경험할 수밖에 없는 여러 사건들, 예를 들어 북한에서는 괜찮다는 뜻인 '일 없습네다'라는 비행기 승무원의 말을 비아냥거리는 뜻으로 알아듣고 생긴 무안함과 당혹감, 건설 공사에 따른 부속 계약서를 체결하는 과정에서 '품질보증'과 '질담보'라는 서로 다른 언어 습관에서 빚어진 협상 교착 등이 생생하게 그려져 있다. 특히 북한 사람들의 직업관, 결혼관 등을 비롯해서 가정 생활, 직장 생활에 대한 이야기들은 우리가 어디서도 쉽게 들을 수 없는 내용들이기에 매우 소중하다.

그리고 저자가 북한에서 지내면서 겪은 수많은 다툼과 갈등 속에서 서로의 생각과 이해를 좁히고, 시간이 지남에 따라 서로 이해되어 오히려 상대방을 먼저 배려하는 모습들을 보면서 우리는 가슴이 따뜻해짐과 함께 희망을 보게 된다.

우리 모두는 통일의 과정에서 저자가 겪은 경험들을 하게 될 것이다. 그런 점에서 남한 사람에게는 흔치 않은 경험을 한 저자가 이를 다른 사람과 함께 나누기 위해 책으로 펴내준 데 대해 감사하며, 이 책이 단지 북한을 알고자 하는 소수의 사람들만이 아니라 통일 조국을 이끌어 나갈 젊은 세대들, 특히 중고등학생들에게도 널리 읽혀졌으면 하는 바람이다. 또한 이 책이 발간되는 것을 계기로 북한에서 생활하고, 북한 주민과 동고동락하면서 갖게 된 경험과 지식이 생생하게 담긴 책들이 많이 출판되었으면 한다.

우리민족서로돕기운동
상임대표 송월주

머리말

북녘에서의 아주 특별했던 사계

　유프라테스강과 티그리스강을 넘나들며 젊은 시절을 보냈던 이라크, 동서양을 연결하는 터키, 가난하지만 스스로 행복하다고 믿는 사람들의 땅 방글라데시, 괴나리 봇짐을 메고 국경을 걸어서 넘었던 거대한 나라 인도, 우리와 너무도 닮은 사람들이 구름 속으로 치솟은 산을 경외하며 살고 있는 네팔 그리고 상하(常夏)의 나라 베트남……. 이곳들은 내가 토목기술자로서 건설회사에 몸담고 있었기 때문에 갈 수 있었고 또 가야만 했던 곳이다. 스물일곱 청춘에 맞닥뜨린 이국 생활, 모든 것이 낯설고 잠도 오지 않는 밤에는 울적한 마음을 향수로 달래기도 했고, '젊음이 밑천인데 뭔들 못하겠느냐'며 투지를 벗삼기도 했다. 몇 년이 걸리든 공사가 끝날 때까지 새로운 자연과 풍습, 문화를 익히고 극복하면서 지내온 현장 생활이 이제는 이십 년 가깝다. 그렇게 건설현장에서 잔뼈가 굵은 까닭에, 이제 환경의 변화는 두려움이 아니라 새로운 창조를 꿈꾸는 설렘으로 받아들여질 만큼 체질도 변했다.

돌이켜보면, 1994년 10월 북한-미국간 제네바회담에서 북한 경수로 건설공사가 합의될 때부터 나는, '기술자 자격으로 북한에도 가게 되리라'는 막연한 예감을 갖고 있었다. 내 운명처럼 느껴졌던 역마살의 요동을 감지했던 것이다. 그로부터 2년 뒤, 내가 몸담고 있는 현대건설이 북한 경수로건설공사의 시공사로 결정되었다. 1997년 6월, 그때는 내가 해외근무를 마치고 귀국한 지 얼마 되지 않은 상태였다. 과연 나의 예감은 적중해서 북한 경수로건설공사 현장으로 부임 명령이 떨어졌다. 북한 경수로건설공사현장 선발대, 즉 최초의 부임자로 명령을 받은 것이다.

그런데 정작 부임명령을 받고 나서는 정말 가야만 하나 하는 망설임이 일었다. 떠나면 최소한 일년 이상은 북한에서 근무를 해야 했다. 망설임의 원인은 신변보장에 있었다. 경수로건설공사를 위해 조직된 국제기구인 케도(KEDO, 한반도에너지개발기구)와 북한 간에 맺은 '특권·면제 및 영사보호 의정서'에 따라 신변이 보호된다고는 하지만, 분단현실과 남북한 사이의 불신을 생각할 때 솔직히 불안감을 떨쳐버리기 힘들었다. 화살은 시위를 떠났다는 심정으로 나 스스로 답을 구했고, 그 끝에 돌아온 답은 '주어진 임무를 포기할 수는 없다'는 것이었다. 한 번의 포기는 살아가면서 마주치게 될 수많은 선택의 순간에 또 다른 포기를 낳게 되고, 그러한 포기는 내 인생의 그림자로 영원히 남을 수밖에 없으리라는 생각에 미치자 약간의 오기가 발동한 것이다.

그렇게 떠나서 일년을 지내온 북한은 남한과는 사회경제적 운영방식을 달리하는 곳이라 사업 수행에 많은 어려움이 따랐다. 북한 경제인들과 같이 계약서를 협의하는 과정에서는 사용하는 용어가 달라 이해하는 데 많은 시간이 걸렸고, 북한의 기능인력은 우리가 필요하다고 해서 마음대로 선택할 수 없었고, 북한에서 공급하는 물품의 자재비와 공사비를 결정할 때는 시장가격이 형성되어 있지 않아 적정한 가격을 정하기가 힘들었다.

그뿐만 아니라 분단의 시간만큼 멀어진 문화 속에서 살아온 남북의 일꾼들이 한데 어울려 일을 하면서부터는 잦은 마찰음이 하루가 멀다 하고 들려왔다. 남측 현장기사가 일방적으로 작업지시를 하는 것이 못마땅하다며 따르지 않던 북측 근로자들의 자존심, 일상적인 대화 중에 무의식적으로 튀어나와 서로를 자극시킨 말들, 관습의 차이, 막연한 경계심, 이러한 것들은 현장 일을 진행하는 데 커다란 방해요소가 되었다.

그러나 이러한 어려움들은 노력만 하면 얼마든지 극복할 수 있는 문제라는 생각이 든 것은 일년의 북한 생활이 가져다준 결실이었다. 실제로 시간이 지나면서 현장에서는 서로간의 이해의 폭이 넓어지고 나아가 상대를 배려하는 마음까지 생겨 금세 어울려 같이 땀을 흘렸다. '사람이 하는 일에 얼굴을 마주하면 화 낼 일이 없다'는 것을 증명하듯, 만나서 부대끼다 보니 서로에게 동포애가 흐르고 있음을 확인할 수 있었던 것이다. 그리고 그 동안 우리가 북한 동포들에 대해 가졌던 고정된 관념도 깨져야 한다는 것도 깨달았다.

  신포 경수로건설공사 현장을 다녀온 지 이제 삼 년이라는 시간이 지났다. 매일같이 기름때를 묻혀 오자 아내가 같이 있기를 싫어해 인차 헤어질 판이라며 농담을 던지던 유조차 운전원, 키 크고 곱게 생긴 평양 남자와 결혼하고 싶다던 옥류관 봉사원, 분홍색 한복을 입은 아주머니 치어리더들의 열띤 응원으로 신이 났던 강상리 인민학교 마을운동회, 고양이뿔 말고는 다 있다는 농민장터……. 고생도 많았지만, 지울 수 없는 얼굴들과 흥미롭던 일들은 시간이 지나도 더더욱 잊혀지지 않는다.

아직은 금단의 땅인 그곳에서 펼쳐지는 북녘 사람들의 삶의 풍경이 너무도 낯익고 정겨워 누군가에게 말하지 않고는 못견딜 것 같아 이 글을 쓰게 되었다. 글을 쓰는 일은 만만치 않아 중간에 포기하려고도 여러 번 생각했다. 그러나 아무래도 혼자 담아두기에는 너무 아깝다는 생각에, 또 민족의 장래를 내다보며 교류가 활발해지고 있는 마당에 먼저 북한을 경험한 사람으로서의 의무감으로 이 글을 겨우 마무리하게 되었다. 나름대로 열심히 노력했지만 다시 펼쳐보니 부끄러운 마음이 앞선다.

부족하나마 이 글이 언젠가는 통일이 되어 같이 살아가야 할 북한 사람들의 살아가는 모습을 이해하는 데 도움이 되었으면 하는 바람이다. 또한 남북경협에 힘쓰고 있는 사람들에게 타산지석이 될 수 있다면 더욱 좋겠다.

　내가 북한에 대한 전문가가 아니기에 북한을 제대로 이해하지 못한 표현도 있을 수 있고, 경수로건설공사가 아직도 진행중인 관계로 공사에 영향을 줄 수 있는 부분은 피해야 하는 한계가 있었기에 이 글이 여러가지로 부족한 점이 많을 것으로 생각된다. 부족한 부분에 대해서는 읽는 분들의 양해를 부탁드린다.

　이 책이 나오기까지 많은 관심을 보내준 주위 동료, 불편했던 시간을 참아준 가족들에게 감사의 마음을 전한다. 그리고 신포 경수로건설공사 현장에 근무하는 모든 사람들의 건강을 바란다.

2001년 8월

차재성

차례

추천의 글 · 5
머리말 · 9

신포로 가는 길

북한으로 떠나던 날 · 23
책임이 열 개면 권리도 열 개 · 28
돈 주는 사람이 써야 하는 '지불확인서' · 37
남북한 건설일꾼들이 한데 어울리다 · 46
남북을 하나로 만든 색깔 짙은 농담 · 53
작업장 선무요원이 부르던 〈고향의 봄〉 · 60
남쪽 남자들도 바람을 피웁네까? · 66
옥류관 출입을 삼가다 · 74

잊을 수 없는 마을운동회

잊을 수 없는 강상리 인민학교 '마을운동회' · 89
영란 동무에게 못다 배운 노래 · 95
우리의 소원은 휴가 · 99
노동신문 사건 · 109
운전원으로 '공급'된 북한 운전원 · 115
선생은 컴퓨터 앞에서 돈 계산만 하니, 건강에 해롭지 · 122
서울로의 휴가 · 130
함흥냉면의 원조 · 138

겨울 소탈하고 겸손한 사람들

불발로 끝난 시험발파 · 149
완공을 열흘 앞두고 불타버린 복지관 · 157
남이 시킨 일은 오뉴월에도 손발이 시리다 · 166
북한에서 맞은 송년과 새해 아침 · 173
뇌물로 받은 정겨운 캔 커피 · 179
틈날 때마다 '교시문'을 외우는 사람들 · 186

봄 선생! 앓지 마시라, 그래야 우리 다시 만날 수 있어

북녘의 봄 · 197
강냉이 모종하기요 · 206
노력이 긴장됩니까? · 211
도끼목수의 뜻 · 217
북에서 본 소떼몰이 방북 · 227
선생! 앓지 마시라, 그래야 우리 다시 만날 수 있어 · 237

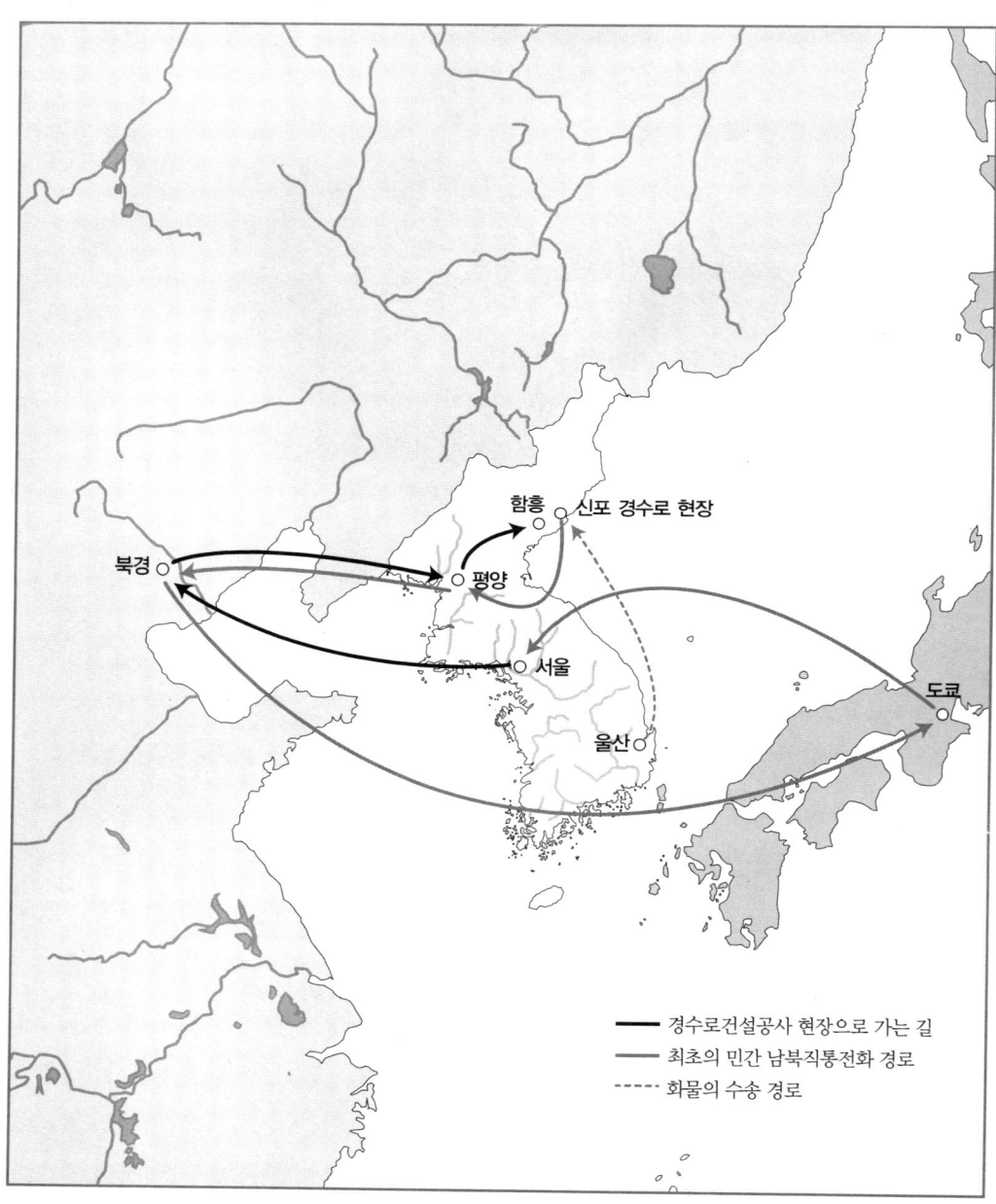

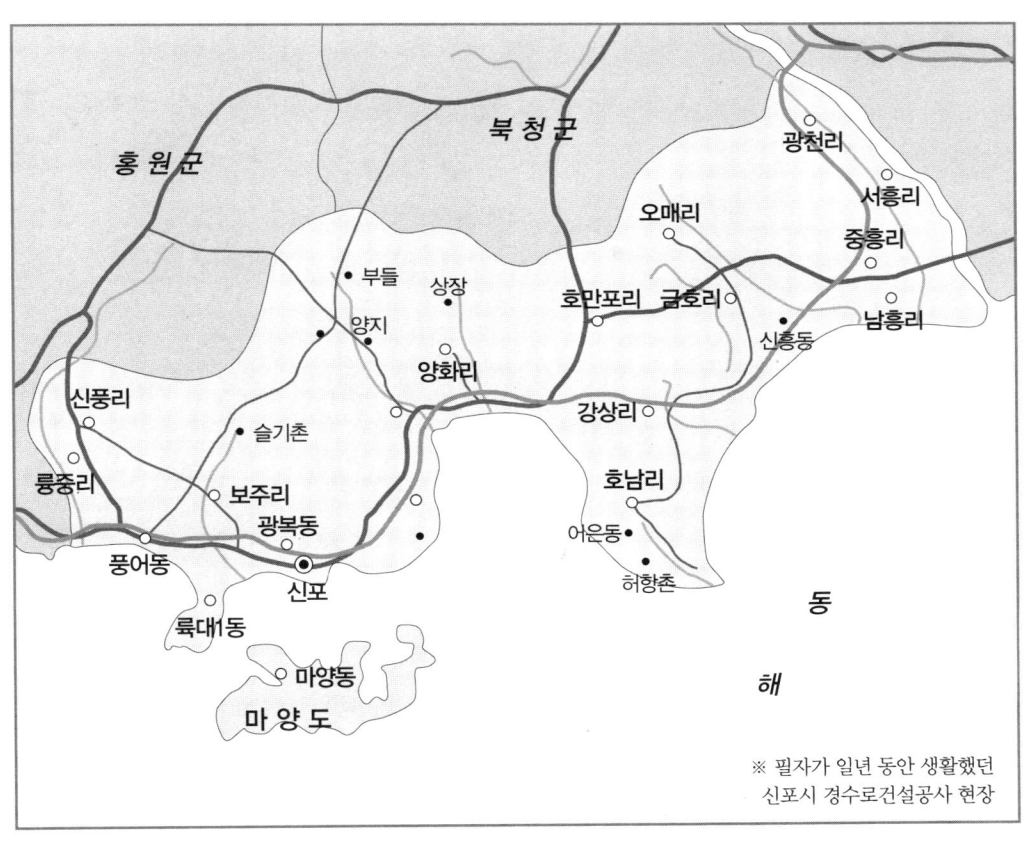

※ 필자가 일년 동안 생활했던
신포시 경수로건설공사 현장

여름
산포로 가는 길

북한으로 떠나던 날
책임이 열 개면 권리도 열 개
돈 주는 사람이 써야 하는 '지불확인서'
남북한 건설일꾼들이 한데 어울리다
남북을 하나로 만든 색깔 짙은 농담
작업장 선무요원이 부르던 〈고향의 봄〉
남쪽 남자들도 바람을 피웁네까?
옥류관 출입을 삼가다

북한으로 떠나던 날

1997년 7월 10일, 꿈에도 생각지 못했던 북녘땅을 향해 출발하는 날이었다. 사랑하는 가족들과 잠시 동안 이별에 대한 아쉬움을 나누고 일행들과 함께 10시 50분 북경행 항공기에 몸을 실었다. 김포 국제공항을 이륙하는 비행기의 굉음을 뒤로 하고, 나는 요 며칠 사이 두려움 반 호기심 반이었던 마음을 미지의 세상에 대한 도전 의욕으로 가다듬으며 자세를 고쳐 앉았다.

7월 초순의 북경은 무척이나 더웠다. 일행은 호텔에 짐을 풀고 북한 입국 비자 확인을 위해 북한대사관에 전화를 걸었다. 북한대사관에서는 케도(KEDO, 한반도에너지개발기구) 사업단의 방북 사실을 모르고 있었다. 본국으로 확인해 달라고 요청하고 나중에 다시 확인했더니 비자 없이 케도증만으로 입국이 가능하다고 했다. 곧바로 비행기표를 사기 위해 고려항공 북경지사로 갔다. 고려항공 북경지사에서는 우리 일행의 방북에 대해 미리 연락을 받고 좌석을 비워두고 있었다.

북경에서 평양행 고려항공기는 매주 화요일과 토요일 두 번만 뜨기 때문에 다음날 하루는 북경 시내를 구경할 수 있었다. 점심시간이 되어 북한 고려호텔에서 운영하는 것으로 알려진 식당에 들러 냉면을 먹었다. 얼마 전 북한 고위층 인사의 망명 사건으로 분위기가 냉각된 걸 알면서도 어차피 내일이면 북한 사람들과 맞닥뜨릴 운명이라는 사실에 용기를 내어 북한 식당에 들른 것이었다.

손님은 거의 없어 보였다. 지배인으로 보이는 오십대 후반의 남자와 이십대로 보이는 여자 접대원이 우리를 맞았다. 그들은 갑자기 밀어닥친 남한 사람 십여 명을 보고 처음에는 다소 당황한 듯했다. 냉면을 다 먹을 즈음에 지배인이 들어와 인사를 건넸다.

"저희 랭면 맛이 어떻습니까?"

소탈하게 웃는 얼굴에는 스스럼이 없었다.

"예, 맛있게 잘 먹었습니다. 저희는 케도 공사를 위해 내일 평양으로 갑니다."

"아! 그러십니까?"

평양으로 간다는 말에 그는 매우 반가워했다. 나는 생전 처음 만나는 북한 사람에게 호기심이 생겨 이것저것 물어보았다. 먼저 경수로건설 공사에 대한 북한측의 반응과 하루 여덟 시간만 일하는 북한 사람들이 우리 측의 추가 근로시간 요청에 협조해줄 것인지에 대해 물었다. 지배인은 자기도 경수로가 건설되는 신포시에서 가까운 함흥에서 근무한 적이 있다며 큰 기대감을 나타냈고, 협조해서 일하면 잘 도와줄 것이라고 말했다. 짧은 만남이었지만, 막연하게 가진 북한과 북한 사람들에 대한 공포심을 조금은 덜 수 있었다.

∽

 7월 12일, 평양으로 떠나는 날이었다. 공항은 사람들로 북새통을 이루고 있었다. 고려항공 데스크 앞에 줄을 서서 평양행 비행기표를 받았다. Boarding Card라는 영문 대신 '자리표'라고 찍힌 큰 글씨가 제일 먼저 눈에 들어왔다. 영어와 한자어를 철저히 배격하려는 북한 측의 노력이 피부에 와닿았다.
 출입국 검사대를 통과해 공항 버스를 타고 나가 고려항공기에 올랐다. 좌석은 만원이었다. 마침 평양에서 북한 농구선수단과 친선경기를 펼칠 쿠바 여자 농구선수단이 같이 탑승했다. 덩치 큰 그들의 움직임과 떠드는 소리는 에어컨조차 나오지 않는 좁은 비행기 안을 더욱 덥게 만들었지만, 한편으로는 우리의 긴장감을 잊게 해주었다. 더위를 참고 있던 나는 그 참에 승무원을 불렀다.
 "승무원! 에어컨 좀 틀어주세요."
 "인차 비행기가 올라가면 시원해집니다. 조금만 참아주십시오."
 승무원은 재빠르게 부채를 가져와서 하나씩 나누어주었다. 하는 수 없이 부채로 더위를 식혀야 했다. 비행기가 떠오르자 더위는 언제 그랬냐는 듯 싹 가셨다. 승무원의 말이 옳았다.
 약 1시간 20분 후, 목청을 곱게 돋운 승무원의 안내 방송이 들려왔다. 비행기는 고도를 낮추기 시작했고 날개를 한쪽으로 기울여 그리 낯설지 않은 경치를 창문 틈으로 내비치더니 이내 평양 순안공항에 착륙했다. 공항은 상당히 한가해 보였다. 트랩을 내려오면서 나는 코끝이 시리도록 긴 심호흡을 했다. 깨끗한 공기도 공기였지만 북한 땅에 첫발을 내딛는 말 못할 감회를 나는 오랫동안 간직하고 싶었기 때문이다. 맑은 공기는 7월의 뜨거운 태양을 무색하게 했으며, 들녘 어디쯤 태양초가 무르익고, 그 위를 맴돌던 고추잠자리가 금방이라도 낯선 우리를 맞으러 날아올 것만 같았다.

상념에 젖을 시간도 잠시, 승무원이 우리를 부르는 소리가 들렸다. 우리는 비행장에서 곧바로 구내버스를 타고 가 함흥행 국내선 경비행기로 갈아타야 했다. 경비행기에 오르기 전 우리는 공항청사 꼭대기의 김일성 주석 초상을 배경으로 기념 촬영을 했다. 세월의 커다란 변화를 실감하는 순간이었다.

러시아제 35인승 함흥행 경비행기에 오르자 승무원과 안내원들이 우리를 반갑게 맞아주었다. 그 중 오십대 후반으로 보이는 안내원에게 용기를 내어 말을 건넸다.

"여기 자리에 좀 앉으시지요?"

그 순간 안내원의 입에서 나온 말이 내 가슴을 쿵 짓눌렀다.

"일 없습네다."

놀라고 당혹스러운 맘이 내 얼굴에 비쳤던지 안내원이 서둘러 해명했다.

"아니, 괜찮습니다. 미안합니다. 오해하지 마시라요."

'일 없습니다'는 북한에서는 양보를 의미하는 공손한 표현이나, 남한의 언어 습관과는 맞지 않는 말이라는 것을 그 안내원도 알고 있었던 것이다. 우리 역시 그 말의 의미를 알고는 있었지만 처음이라 순간적으로 당황했던 것이다. 언어 습관의 차이로 발생한 사소한 일이었지만 일순간 분위기가 가라앉고 말았다.

약 40분 후 비행기는 함흥 인근에 있는 비행장에 착륙했다. 우리는 입국 절차를 끝내고, 대기하고 있던 버스에 올랐다. 버스는 함흥을 지나 경수로사업이 전개될 신포로 향했다. 차창 너머로 펼쳐지는 들판은 굉장히 넓었고, 곳곳에서 사람들이 바쁘게 움직이고 있었다. 차 안에서 손을 흔드니 우리가 누구인지도 모르면서 멀리서 마주 손을 흔들었다. 남한의 여느 시골을 지나는 것처럼 낯익고 정겨웠다.

'눈보~라가 몰아~치는 바람 찬 흥남 부두에……' 노랫말로 이미 익숙한 흥남 부두, 그 흥남 부두를 지나 끝도 없이 함흥 평야가 이어졌다. 그리고 버스는 어느덧 북한에서 가장 큰 공업단지로 알려진 함흥을 지나고 있었다. 함흥은 일제시대 대륙 침략의 거점이 되면서 일찍이 공업 지역의 틀을 갖추었다. 그러나 차창 밖으로 보이는 우뚝 솟은 공장들은 지금, 을씨년스런 빛을 풍기고 있었다. 함흥 시내의 너른 도로에는 지나는 차가 별로 보이지 않았고 길 양옆으로 전기버스가 가끔씩 지나갈 뿐이었다. 우리 일행은 마전휴양각에 들러 저녁을 먹고 잠시 쉬었다가, 침대차만 두 칸이 달린 특별열차 편으로 밤늦게 신포 경수로건설공사 현장에 도착했다. 육로로 왔더라면 반나절이면 달려올 수 있는 곳을, 우리는 몇천 리 길을 돌아 사흘이 걸려 이곳에 온 것이다. 그렇게 북한에서 맞은 첫밤이 조용히 저물어갔다.

책임이 열 개면 권리도 열 개

　북한 경수로사업국(대상사업국)에서 마련해준 초대소에서 아침을 맞았다. 아침식사는 손님대접인 양 분에 넘칠 정도로 많은 음식이 준비되어 있었다. 일요일이었지만 경수로건설공사 착수 전에 합의해야 할 세부 사항들이 많았기 때문에 식사 후 곧바로 북측과 협상을 시작했다.

　열다섯 평 정도 되는 초대소 회의실. 탁자 양쪽으로 남측 담당자와 북측 담당자 각각 이십여 명이 마주 앉았다. 인민복이나 남방 차림 혹은 양복 차림의 북측 사람들은 경직돼 보이지 않았다. 그런데도 나는 인민복에 인민모를 쓴 그들과 마주 앉으니 조금은 긴장이 되었다. 곧이어 남북한 참가자들을 소개하는 순서가 있었다. 남측에서는 케도 대표 중에 미국인 한 명이 같이 참석했고, 북측에서는 여성 통역관이 참석해 그들의 의견을 영어로 우리에게 전달해주었다. 그녀는 김일성-카터 회담 때 통역을 맡았다고 했다. 협상은 영어로 진행되었다. 마치 그들의 협상 상대가 미국이라는 사실을 과시하려는 것 같았다.

오전에 전체회의가 끝나고, 오후에는 분야별회의를 가졌다. 나는 하도급공사에 대한 실무협상단에 소속되어 회의에 참석했다. 하도급에 대해서는 이미 뉴욕 협상에서 진입도로 개설공사에 대해 발주 약속을 했기 때문에 준비해간 계약서 내용을 쌍방이 합의하고 서명만 하면 곧바로 공사에 착수할 수 있었다. 또한 본건이 합의되고 나면, 향후 북한에 발주하는 모든 하도급공사에 대한 기준이 마련되는 것이기에 남측 북측 할 것 없이 모두들 관심을 갖고 지켜보았다.

북측에서는 하도급 협상을 위해 금호무역회사 사장, 과장, 동력설계사업소 기사장, 안내원 등 여섯 명이 참가했다. 준비해간 계약서 초안을 그들에게 넘겨주고 함께 문안을 검토해나가기로 했다. 초안을 받아든 북측 사람들은 언뜻 놀라는 표정을 지었다.

"간단히 하면 되지, 뭐가 이렇게 두껍습네까?"

마치 '자본주의 장사꾼의 엄청난 마수가 들어 있는 건 아닌가' 하는 표정과 말투였다. 계약서는 영어로 작성되어 있었다. 그런데 전체회의에서 영어를 공용어로 사용했던 것과는 달리 그들은 한글 번역본과 항목별 설명을 요구했다. 한글 번역본을 건네주고 항목별로 설명을 시작했다. 그 바람에 북측과의 첫 협상은 계약일반조건조차 합의하지 못한 채 꼬박 하루를 소비했다.

저녁에는 북측 협상단장이 초청하는 만찬이 있었다. 남과 북의 담당자들 오십여 명이 둥근 6인용 식탁에 섞여 앉아 저녁식사를 하고 협상의 원만한 타결을 위해 건배의 술잔을 들었다. 초대소 내에 설치된 매점에는 여자 봉사원이 있었는데, '미스 조'나 '조 양'이라 불리는 것을 싫어한다고 해서 우리는 그녀를 '조 동무'라고 불러주었다. 그녀는 우리를 '선생님'이라 부르면서 정성을 다해 대하는 모습이었다. 만찬을 끝내고 몇몇 안면 있는 남과 북의 사람들은 매점에 모여 앉아 시원한 삿뽀로 맥주로 칠월의 밤 더위를 식히며 협상에서 못다 한 이야기를 나누었다.

북한은 이중통화제도를 적용하고 있어서 외국인은 북한 돈을 쓸 수 없고, 달러를 '외화와 바꾼 돈표'와 교환하여 사용해야 한다. 그래서 우리도 조 동무에게 10달러를 주고 작은 종이딱지 같은 '외화와 바꾼 돈표' 21원 20전을 받아 맥주 값을 지불했다.

쉽게 타결될 것 같았던 협상이 6일 동안이나 지루하게 이어졌다. 북측은 주로 대금지불 조건, 하자보증, 유보금, 이행보증 등에 대해 구체적으로 물어왔으며, 각 사항에 대해 의견도 제시했다. 이행보증에 대해서는 생소해했으며, 대금지불은 송장(送狀) 접수 후 열흘 이내에 지불해줄 것을 요구해왔고, '책임 있게 시공하겠으니 유보금은 없애 달라'고 했다.

이행보증을 위한 은행보증(Bank Guarantee)은 면제해주기로 했다. 실제로 요구해봤자 국제적인 은행에서 보증을 서줄 리도 없을 테고, 북한 은행이 보증을 선다고 해도 그것이 무슨 의미가 있겠느냐는 의견이 타당하다고 여겼기 때문이다.

대금지불조건에서는 당초 우리가 송장 접수 후 30일 이내에 합의된 은행으로 입금시키는 것을 제시했으나, 북측에서는 열흘 이내로 해줄 것을 집요하게 요청해왔다. 우리는 현장에서의 결재기간, 본사에서의 결재기간, 은행송금절차 등의 지불에 필요한 절차를 모두 설명했다. 그리고 기술적으로도 30일 이내 지불은 도저히 불가능하다는 입장을 밝혔다. 그래도 이 문제는 쉽게 해결되지 않아, 상호간에 자체 회의를 거듭한 후 최종적으로 20일로 합의했다.

한편 우리가 '품질보증을 해줄 수 있겠느냐'고 묻자 북한 사람들은 '품질보증'이라는 말을 이해하지 못해 우리를 몹시 답답하게 했다. 나중에는 영어사전을 찾아보라는 말까지 했다. 한참 실랑이를 하다가 실제로 현장에서 일어날 수 있는 일들을 예로 들어가면서 설명해주었더니 그제야 '아!' 하는 탄성이 나왔다.

"질 담보를 말하는 겁니까? 질이야 충분히 보장해줄 수 있지."

그러면서 의기양양해했다.

"질 담보는 걱정하지 마시라요."

순간 맥이 탁 풀렸다. 단어 하나를 이해시키는 데 반나절이 걸린 것이다. 그때 얼마나 답답하고 안타까웠던지, 그 일이 있은 후 우리 직원들도 '품질보증'이라는 말 대신 '질 담보'라는 말을 자주 썼다.

금호무역회사에서는 사장 외에 해외공사 경험이 있는 과장 한 사람이 합류해 실무문제를 협의해나갔다. 계약서의 상세한 조항에 대해 잘 모르는 사장과 달리 과장은 해외공사 경험이 있어서인지 계약조건을 쉽게 이해하는 터라 의견 조율이 비교적 원만하게 이루어졌다.

북한 사람들은 협상과정에서 상호동등의 조건을 매우 중요시했다. 남측의 권리 및 책임 사항이 열 개면 북측의 권리 및 책임 사항도 열 개여야 했다. 예를 들어, 공사가 지체될 때 보상금을 지불해야 한다면 공사가 빨리 끝날 때는 상금을 받아야 한다는 것이었다.

회의 도중 시간을 내어, 남한에서 물자를 실은 배가 입항하게 될 양화항과 발전소가 건설될 부지를 방문했다. 양화항은 접안 시설이 괜찮아 보이는 중간 규모의 어항이었다. 정문을 들어서자 바로 왼쪽으로 커다란 바위에 김일성 주석의 현지 교시문이 하얀 바탕에 붉은 글씨로 새겨져 있고, 오른쪽에는 '김일성 동지는 영원히 우리와 함께 계신다'고 쓰여진 탑이 서 있었다. 조금 더 들어서자 광장 중앙에 커다란 김 주석의 초상이 정문을 향해 높이 세워져 있었다.

발전소 부지 주위에는 넓은 농토를 낀 마을 서너 개가 자리잡고 있었고, 현금호라는 저수지가 건너편 산자락에 맞물려 있었다. 타는 태양볕 아래 모를 심은 들판은 곧 생명이 움트려는 듯 물을 머금은 채 낯선 이방인을 맞아 숨을 죽이고 있었다. 해안가 솔밭 건너에는 동해의 푸른 물결이 무더운 7월의 더위를 조금이라도 식혀보려는 듯 잔물결을 일으키고 있었다.

하도급계약건은 어느 정도 윤곽을 잡아가고 있었다. 그밖에 북한인력공급에 따른 노임 협상, 자재 공급, 병원 이용, 항공료 등에 대한 협상이 남아 있었다. 그중 한 가지만 소개하면 초대소 이용을 위한 숙박비와 식대 협상이다. 초대소는 외국인을 위한 숙소인데, 슬레이트 지붕의 단층 건물로 다섯 평 크기의 방들과 식당, 회의실이 있다. 식대는 아침 4달러, 점심과 저녁은 각각 15달러로 남한의 웬만한 호텔 수준의 가격이었다. 방에는 텔레비전, 소형 냉장고, 선풍기, 침대 두 개가 있고, 숙박료는 하루에 45달러로 결정되었다. 식대 단가를 깎아보려고 했으나, 대외봉사국 소속 오 선생의 답변이 걸작이었다.

"원하는 가격으로 낮출 수는 있으나 영양은 보장할 수 없습네다."

이 말 한마디로 식대 단가는 결정되고 말았다. 사실 초대소는 컨테이너로 만든 숙소가 남쪽에서 실려올 때까지만 임시로 사용할 예정이었으므로, 우리는 북측에서 제시한 식대 단가를 받아들이기로 했다.

북측과의 노임협상에서도 느꼈던 문제지만, 경제체제가 달라 환율만으로 가격을 비교한다는 것은 의미가 없었다. 자본주의 국가간에는 환율이 가격 기준으로 작용할 수 있지만, 여기는 사회주의 국가가 아닌가? 우리들의 하루 식대와 숙박료를 북측 근로자의 봉급과 단순 비교하면 상상도 못할 비싼 가격이지만, 경제체제가 다르다는 점을 감안하면 크게 차이가 나는 것은 아니었다.

협상 시한을 하루 앞두고, 남측 북측 모두 협상안을 마무리 지으려고 애를 썼다. 그런데 하도급협상에서 조건 하나를 가지고 오전 내내 북측과 입씨름이 벌어졌다. 문제는 북측에서 '갑(케도)의 부적절한 지시에 따라 을(북측)이 피해를 입을 경우 보상해야 한다'는 조항을 별도로 삽입하자는 것이었다. 이 문제에 대해 협상을 담당한 동료는 그럴 수 없다며 거부하다가 급기야 화를 내기에 이르렀다.

"그런 조항은 우리나라 대통령이 지시해도 양보할 수 없습니다."

그러고 나서 그는 서류를 덮고 회의실을 나가버렸다. 돌발적인 상황에서 '우리나라 대통령'이라는 말이 튀어나왔으니 분위기가 심상치 않아 보였다. '그 말을 가지고 시비를 걸어오면 어쩌나' 하고 걱정하던 찰나, 협상에 참석한 북측 여성이 빈정대는 투로 말을 던졌다.

"무슨 남자가 속이 저리 좁나, 참!"

순간 북측 여성의 여유와 호기에 너털웃음이 나왔다. 나는, 잠시 분위기를 바꾸기 위해 시간을 갖고 문제를 다시 한번 풀어보자고 제안했다. 그들도 조금 전에 벌어진 해프닝에 개의치 않고 진지하게 협상에 임했다.

그 문제에 대해서는 '을이 갑에 대해 언제라도 이의를 제기할 수 있고, 합의가 되지 않으면 분쟁해결을 위한 국제재판까지 할 수 있다'는 조항이 뒤에 있기 때문에 따로 삽입할 필요가 없다는 설명을 북측이 이해하고, 문제를 마무리 지었다. 하도급 계약조건에서 '상호 동등의 조건'을 유난히 강조하는 북측의 입장을 여실히 보여주는 사건이었다.

저녁에는 남측에서 주최하는 만찬이 열렸다. 지난번 북측에서 베풀어준 만찬에 대한 보답이자 내일까지 끝내야 하는 협상의 원만한 마무리를 바라는 뜻에서 마련한 것이었다. 이 자리에서 나는 대상사업국 체신 관련 담당자, 행정업무를 맡은 중간 간부급의 사람과 자리를 같이했다.

체신업무를 맡은 사람은 수수한 시골농부 같은 인상을 풍기는 오십대 후반의 남자였으며, 자신의 며느리와 사위에 대해 스스럼없이 이야기했다. 행정업무를 맡고 있는 사람은 삼십대 후반으로 보였는데, 일본에서 근무한 경력이 있는 듯했고 영어도 잘 하는 편이었으며 자기의 영어발음을 은근히 과시하기도 했다. 그는 또 평양에서 150평방미터나 되는 아파트에 살고 있다고 자랑했다.

협상 마지막 날, 계약서는 대금지불을 위한 제3국 은행의 계좌 확인이 불가능해 가서명으로 남겨졌지만, 하도급 공사는 바로 착수하기로 했고 일이 착수되는 대로 선수금을 지불하기로 했다. 그래서 다음날까지 하자보수 이행각서, 착공서류, 장비동원계획서를 제출해 달라고 북측에 요청했다. 입술까지 타들어가던 일주일간의 협상이 그렇게 일단 마무리된 것이다.

토목기술자로서 해외 건설공사를 수년간 해온 나는, 협상을 성공적으로 이끌기 위해서는 확실한 목표를 세우고, 끈기있게 상대를 설득하고, 인내를 가지고 상대의 주장을 듣고 포용하는 자세가 필요하다는 것을 절실히 깨달았다. 협상에서는 승자와 패자가 있을 수 없다. 서로가 승자가 되기 위해서는 많은 지식과 상식, 전문성 그리고 협상의 기술이 필요했다. 그래서 북한 사람들과의 협상은 내게 더욱 큰 아쉬움을 남겼다. 북한에 대한 지식이 부족했고, 서로 한계를 정하고 관계를 맺어야 했기 때문이다. 북한 사회를 금기시하지 말고 적극적으로 연구해야 할 필요가 있음을 절감했다.

그날 저녁, 식사를 하다 가슴이 덜컥 내려앉는 뉴스를 들었다. 휴전선에서 남북한 군인들 사이에 총격전이 벌어졌다는 것이다. 순간 커다란 바위에 눌린 듯 가슴이 턱 막혔다. 저녁을 먹는 둥 마는 둥하고 우리 협상단은 짐을 꾸리기 시작했다. 협상단 대부분은 그날 귀국 길에 오를 계획이었고, 나와 케도 대표 등 다섯 명은 남아 있어야 했다. 경수로 사업 관리업무 및 하도급 공사 감독업무를 계속 수행해야 했기 때문이다.

복귀하는 사람들의 업무를 인수하는 마음이 무거워졌다.

  동료들을 떠나보내고 나니 새벽 두 시였다. 밤하늘만큼이나 마음은 더욱 어둡고 무거웠다. 갑자기 '적대국'의 볼모가 되어버린 느낌이 들었다. 그리고 앞으로 일년 이상이나 이곳에 남아 있어야 한다는 사실이 못내 불안했다. 나는 착잡한 마음을 힘들게 추스리며 잠을 청했다.

돈 주는 사람이 써야 하는 '지불확인서'

7월 19일, 아침이 밝았다. 달랑 다섯 명만 남아서인지 아침 식당은 밥맛을 잃게 할 정도로 분위기가 조촐했다. 동료들도 밤새 잠을 못 이룬 듯 얼굴이 푸석했다.

나는 그 동안 바빠서 인사도 제대로 나누지 못했던 식당 봉사원(혹은 의례원)들의 얼굴을 하나하나 헤아려보았다. 봉사원들은 고등중학교 졸업 후 요리전문학원이나 봉사전문학원에서 공부하고 이제 막 졸업한 이십대 초반 정도의 앳된 아가씨(북에서는 실례가 되는 호칭이지만)들이었다. 모두 빨간 치마에 하얀 블라우스를 받쳐 입고 있었다. 그들도 일주일간의 북새통에서 헤어나서인지 안정을 되찾은 모습이었다. 조장이라는 자그마한 아가씨는 변씨 성을 가진, 수수하고 얌전해 보이지만 야무진 아가씨였다.

오전 열 시, 소회의실에서 북측 하도급 회사인 금호무역회사와 도로보수공사 착공을 위한 실무협의를 가졌다. 금호에서는 사장, 과장, 경리, 안내원이 참석했고, 우리 측에서는 잔류한 다섯 명 모두가 참석했다. 협상 때 약속한 대로 도로보수공사에 대한 착공서류, 하자보수 이행각서를 공문으로 제출받았다. 북한으로부터 받은 첫 공문이었다. '조선민주주의 인민공화국'이라고 적힌 공문을 받아드니 뒷덜미가 뻐근해졌다. 그들은 오늘 아침부터 바로 인력을 동원해 공사를 착수했다고 말했다.

약속한 대로 우리도 선수금 5만 달러를 건네주었다. 첫 공사비가 건네진 것이다. 선수금 5만 달러는 케도로부터 전달 받아 시공사 대표 자격으로 내가 전달했다. 그런데 돈을 받아든 그들은 100달러짜리 지폐 다발을 풀어 헌 돈과 새 돈을 분리하기 시작했다. 새 돈은 주로 1996년에 발행된 돈이고, 헌 돈은 그 이전 것이었다. 각기 세 사람이 헌 돈을 나누어 일련번호를 적기 시작했다. 일련번호를 쓴 종이는 A4 용지로 세 장이나 되었다. 잠시 후 북측 담당자는 그것을 복사해서 건네주었다.

"새 돈은 위조지폐가 없고, 헌 돈은 위조지폐 감별기에 통과시켜봐야 합니다."

나중에 헌 돈 중에서 위조지폐가 나올 경우 서로 확인하기 위해 복사본을 우리에게 준 것이었다. 어이가 없어 말문이 막혔지만 그들의 권리라 생각하고 지켜볼 수밖에 없었다. 헌 돈들도 위조지폐 감별기를 다 통과했는지, 그 뒤로 바꾸어 달라는 말은 없었다.

잠시 후 그들은 우리가 요청한 영수증을 두말없이 써줬다. 영수증을 받고 일어서려는데, 이상한 요청을 해왔다. '지불확인서'를 써 달라는 것이었다. 돈을 주는 사람이 돈을 받는 사람에게 지불확인서를 써주다니……. 나로서는 참으로 이해가 안 되는 생소한 요청이었다. 내가 이해할 수 없다고 하자 북한측 담당자가 설명을 해주었다.

"받은 돈은 지불확인서가 있어야만 은행에 입금시킬 수 있습니다."

'허 참! 이상한 관례도 다 있군' 하는 생각이 들었지만, 이곳의 관례가 그렇다니 써주는 수밖에.

'확인서 — 도로보수공사 선수금으로 5만 달러를 금호무역회사에 지불하였음을 확인합니다. 현대건설주식회사 차재성(인)'

북한의 조선무역은행에 이 확인서가 아직도 보관되어 있을지도 모르겠다.

점심식사 후 볼보 승용차를 임대해 안내원과 함께 도로보수공사 현장으로 갔다. 선수금을 지불했으니 공사착수 여부에 대한 현장 확인이 필요했기 때문이었다. 금호무역에서는 약속대로 인원과 장비를 동원해 공사를 시작하고 있었다. 저수지 가장자리의 습지대를 흙으로 메워 기존 도로를 직선으로 내는 작업이었다. 8톤 화물차로 흙이 날라져오고, 푸른색 작업복 차림의 젊은이들 오십여 명이 삽으로 흙을 고르고 있었다.

작업장 입구에 도착하자 현장 책임자로 보이는 사람이 다가왔다. 내가 현장감독임을 알아보고는 반갑게 맞아주었다. 그는 작업의 진척상황을 설명하고 한 달 내로 이 구간을 관통하겠다는 의지를 드러냈다. 오전 작업 동안에 약 50m 정도가 흙으로 메워져 길이 나 있었다. 그는 앞에서 일하고 있는 젊은 일꾼들을 '건설돌격대'라고 불렀다.

나는 돌격대원들이 일하는 곳에 가보기로 마음먹었다. 북한 사람들이 모여 일하는 한가운데로 들어간다는 것이 두려워서 처음에는 마음이 썩 내키지 않았다. 그러나 현장감독으로서 당연히 해야 할 일이었기에 무거운 발걸음을 앞으로 내디뎠다. '무슨 말로 대화를 시작할까' '그들이 나를 반겨줄까' 잠깐 동안 여러 생각이 머릿속을 왔다갔다했다.

그들은 두 조로 나뉘어 한 조는 삽으로 흙을 고르고 있었고, 다른 조는 더위를 피해 철교 밑에 앉아 쉬고 있었다. 그들은 가까이 다가오는 나를 피해 눈길을 다른 곳으로 돌리거나 작업에만 열중하는 모습이었다. 파란색 작업복 상하의와 노란 안전모를 착용했는데, 날씨가 너무 더워 상의와 안전모는 모두 벗어 한쪽에 가지런히 정열해두고 있었다. 일꾼들은 모두 젊은 사람들이었다. 고등중학교를 막 졸업했거나 군에 입대할 나이 정도로 보였다. 느낌으로 군 입대 대신 건설현장에서 근로봉사하는 젊은이들임을 알 수 있었다.

"수고가 많으십니다."

내가 먼저 인사를 건네자 그들 중에서 나이가 좀 들어 보이는 조장인 듯한 사람이 일어서서 다가왔다.

"안녕하십니까?"

그는 긴장을 푼 표정으로 답례를 하고 자진해서 작업상황을 설명했다. 나는 동원 인원과 장비 숫자에 대해 물어보고 난 후, 감독 흉내를 내기 위해 가지고 간 줄자로 도로의 폭을 재보고, 길이도 재보았다. 그는 그런 내 행동을 인정하고 성의껏 협조해주었다. 이 상황은 분단된 상태의 남한 사람과 북한 사람의 관계가 아니라 계약상의 '갑' '을' 관계를 여실히 보여주었다.

다음날은 일요일이었다. 돌격대도 일요일이라 쉬는지 보이지 않았다. 우리는 점심식사 후 바닷가에 나가 해수욕을 하기로 했다. 초대소에서 5분 정도 떨어진 곳에 해변이 있었다. 해변에는 해일 방지용으로 모랫둑이 쌓여 있고, 그 사이로 사람이 드나들 수 있도록 통로가 나 있었다. 그리고 군인이 보초를 서고 있었다. 우리가 다가가자 군인이 "섯!" 하고 명령했다. 우리는 황급히 그 자리에 섰고 안내원이 다가가 설명을 하고서야 지나갈 수 있었다.

해변은 끝없이 길었다. 좌우를 둘러보아도 모래사장은 끝이 보이지 않았다. 폭도 100m는 넘어 보였다. 모랫둑만 없으면 초대소 근처의 송림과 연결되어 아주 좋은 피서지가 될 것 같았다. 수영복으로 갈아 입고 물 속에 뛰어드니, 오랜 가뭄으로 끓어오르던 무더위가 한순간에 가셨다.

'오늘 같은 무더위라면 강릉 경포대에는 수십 만의 인파가 몰렸겠지?'

그 광경을 상상하는 순간, 이 넓은 바닷가에 우리 선발대 다섯 명만 있다는 사실이 꼭 꿈인 것만 같았다.

해변의 경사는 아주 완만해 50m쯤 나가야 물이 목에 찰 정도였다. 건너편에는 섬이 하나 있는데 '각시섬'이라 부른다고 했다. 바닥에는 조개가 아주 많았다. 그야말로 '물 반 조개 반'이었다. 안내원이 구해 온 갈퀴로 모랫바닥을 긁으니, 갈퀴 뒤에 달린 그물망에 조개들이 그대로 퍼올려졌다. 수영과 조개잡이를 한 시간 정도 즐기다가 조개탕을 끓여 먹으려고 주머니 가득 조개를 담아 초대소로 돌아왔다. 초대소 숙소는 아주머니 둘이서 오전 오후 교대로 청소를 해주고 있어서 항상 깨끗했다.

다음날 우리는 발전소 부지와 남대천 골재 채취장을 둘러보기 위해 길을 나섰다. 약 백만 평에 달하는 부지를 한 바퀴 돌면서 경계선을 확인했다. 발전소 부지에는 '어인봉'이라 불리는 산을 중심으로 얕은 산과 서너 개의 마을과 두 개의 저수지가 치맛자락처럼 드리워져 있었다.

저수지와 해안이 접하는 곳에서 부부로 보이는 오십대 남녀가 등짐 보따리를 내려 놓고 개울에서 고둥을 잡고 있었다. 어릴 적 고향 개울가에서 친구들과 멱 감고 고둥 잡던, 그 풍경 그대로였다. 조금 더 가니 여인네 서너 명이 역시 허리를 구부리고 고둥을 잡고 있었다. 안내원이 여기에 설명을 덧붙였다.

"여기 고둥은 무공해에다가 맛이 좋아서 일본으로 수출하고 있습니다."

날로 오염이 심각해지고 있는 남한의 하천들이 떠올라 다행스럽기도 하고 부럽기도 했다.

오후에는 미니버스를 임대해 골재장이 있는 남대천으로 향했다. 남대천은 초대소에서 북쪽으로 20km 정도 떨어진 곳이었다. 차창 밖으로 바라본 농촌은 오랜 가뭄과 더위에 지쳐 있었다.

가는 길에는 마을마다 지명을 표시한 팻말이 붙어 있었다. 기차역이 있는 속후리, 농토가 넓게 펼쳐진 광천리, 산비탈에 사과나무가 많은 용전리. 용전리는 마을이 정리가 잘 되어 있어서 마치 촬영장 세트 같았다. 이곳이 바로 이준 열사가 태어난 곳이라고 했다.

용전리를 지나자 멀리 남대천의 높은 둑이 바라다보였다. 큰 하천이 가까워서인지 다른 곳에서는 가뭄에 강냉이밭들이 다 타들어가고 있는데도, 이곳에서 자라는 강냉이는 푸르러 싱싱해 보였고 고랑을 타고 논으로 흘러드는 물소리도 씩씩했다. 개울가에는 여인네들이 빨래를 하고 있었는데 그 모습이 여유롭고 편안해 보였다. 물이 인간에게 주는 혜택은 이렇게 큰 것이었다.

남대천 둑에 못 미쳐서 차를 세워두고 농로를 따라 둑 위에 올라서니, 좌우로 길게 가로누운 남대천의 풍모에 감탄사가 절로 나왔다. 둑은 높고 아주 튼실했다. 우리가 서 있는 반대쪽 둑 너머 멀리 보이는 곳이 '북청 물장수'로 유명한 북청이란다. 아스라이 보이는데도 갈 수 없는 곳이기에 더욱 아쉬웠다.

남대천의 골재는 아주 풍부해 보였다. 가뭄이라 수량은 많지 않았지만 양쪽으로 물줄기를 이뤄 흘러가는 물은 깨끗하고 시원해 보여, 발을 걷어붙이고 물을 건너보았다. 둑 아래 둔치에는 온갖 풍상을 겪은 듯한 큰 버드나무들이 시원한 그늘을 만들고 있었고, 황소 몇 마리가 그 그늘에 엎드려 게으른 되새김질을 하고 있었다. 운 나쁜 황소 한 마리는 소달구지를 달고 인민모를 쓴 주인을 따라 옅은 먼지를 일으키며 둑길을 더디게 걷고 있었다.

돌아오는 길에 용전리 마을 입구에 차를 세워두고, 이준 열사 생가를 찾아 올라갔다. 큰길을 빠져나와 집들이 언덕배기를 타고 다닥다닥 붙어 있는 골목길로 접어들었다. 2층집에서 누런 러닝 셔츠를 입은 열두세 살 먹어 보이는 사내 녀석이 '웬 낯선 사람들이 미국 사람까지 데리고 찾아오나' 하는 의아한 표정으로 내려다보고 있었다. 다른 사람들은 다들 일터로 나갔는지 마주치지 않았다. 그 아랫집이 바로 이준 열사의 생가였다.

대문은 열려 있었는데 만든 지 얼마 안 된 듯 나무색깔이 선명했다. 안내원이 먼저 들어가고 우리들이 따라 들어섰다. 작은 돼지우리가 제일 먼저 눈에 띄었다. 새끼돼지 한 마리가 우리를 보고 반기듯 꽥꽥거렸다.

서른은 넘었을 것 같은 아낙네가 젖먹이 사내아이를 업고 나왔다. 어서 오시라며 반기는 표정이 한눈에 방문객들을 많이 맞아본 것 같았다. 집은 방 두 칸에 부엌이 딸려 있는 일자형 집이었다. 좁은 앞마당엔 우물이 있고 그 너머엔 강냉이 텃밭이 있었다.

아낙은 주인이 북청에 볼일이 있어서 갔다면서 이준 열사의 유품이 보관된 작은방으로 우리를 안내했다. 웬만한 유품은 후대들의 교육을 위해 모두 평양 전시관으로 보내졌고, 남은 것은 사진 몇 장과 열사가 사용한 가재도구 몇 점, 바둑판이 전부였다. 헤이그에 있는 이준 열사의 무덤 사진을 보니, 묘비에 난 해, 사망일, 고향은 북청이라고 적혀 있었다.

우리 앞에 있는 아낙은 이준 열사의 증손부이고 아기는 고손자였다. 무더위 탓인지 아기의 머리에 부스럼이 나 있었다. 뜨락으로 내려서서 부엌을 보니 간소하고 정갈하게 정돈되어 있었다. 국가에서 특별히 물질적 혜택을 제공하는 것 같지는 않았다. 우물에서 물을 퍼올려 나누어 마신 뒤, 아낙에게 작별인사를 하고 돌아나왔다. 등에 업힌 이준 열사의 고손자가 후일 훌륭한 인물이 되길 바라면서…….

남북한 건설일꾼들이 한데 어울리다

　7월 말로 들어서면서 무더위는 더욱 기승을 부렸다. 라디오를 통해 남한 소식을 들으니 엘리뇨가 물러가고 라니냐 현상이 나타나 이상기후를 보이고 있다고 했다. 북한에서도 강냉이밭은 타는 목마름을 호소하고 있었고, 인근에 있는 현금호와 룡연호는 하루가 다르게 갈라진 배를 드러내면서 담수 면적을 좁혀갔다. 우리 동포의 식량인 강냉이가 씨알도 맺기 전에 비실거리니 하늘이 원망스러웠다. 북한은 배수가 잘 되는 비탈밭이 많고 기후가 적절해 강냉이 농사의 최적지라고 하지만, 밀식(密植)재배방식에 필요한 기술과 비료가 부족해 생산량은 점점 줄어들고 있는 실정이었다.

∽

　요 며칠 사이에 우리 직원과 일꾼들이 많이 부임해와서 현장 식구들이 삼십여 명으로 늘어났다. 식구가 많아지니 외로움도 덜했다. 한산하던 식당 봉사원들의 움직임도 부산해졌고 식사 분배시간도 길어졌다. 그런데 새로 온 식구들 중에 설사병 환자들이 생겼다. 무더위와 바뀐 음식 때문이려니 했는데 고통을 호소하는 사람, 아예 침대에 누워 며칠째 일어나지 못하는 사람도 있었다. 상황이 위급하다고 대상사업국에 전하자 북한 의사가 와서는 맥박을 짚어보고 '식중독'이라 얘기하고 돌아갔다. 다행히 준비해온 비상약품으로 회복된 사람도 있었지만, 심한 사람들은 며칠 후 현장에 부임해온 남한 의사의 치료로 회복되었다.

　날씨가 너무 더운 탓에 케도 인원들은 두세 팀으로 나뉘어 바다로 수영을 하러 나갔다. 북한에 와서 수영까지 하게 된다는 사실에 모두들 신기해하고 즐거운 표정이었다. 해변에 도착하니 북한 사람 십여 명이 솥단지까지 걸어놓고 음식을 해먹으며 흥겹게 놀고 있었다. 가까운 이웃이거나 친척쯤으로 보였다. 안내원 말이, 쉬는 날이라 천렵을 나온 가족들이라고 했다. 한참 흥이 나는 참이었는지, 가족들이 빙 둘러앉아 박수를 치는 가운데 중년의 남녀가 나와 흥겹게 춤을 추었다. 춤의 템포가 굉장히 빨랐다. 그 정도 나이면 남한에서는 주로 느린 아리랑을 출 텐데, 이곳의 춤은 양팔을 앞뒤로 흔들며 발놀림이 빨라 마치 재즈처럼 보였다. 그들은 우리가 지나가면서 쳐다봐도 아랑곳하지 않고 여흥을 즐겼다.

　7월 27일, 이 날은 1953년 한국전쟁이 끝나고 휴전이 선포된 날이다. 북한 사람들은 '전쟁승리 기념일'이라고 해서 초대소 지붕 위에 인공기를 게양했다. 우리는 우선 숙소를 지을 부지라도 정리해놓기 위해 북한의 불도저 한 대를 임대했다. 임대료는 하루 여덟 시간에 260달러를 지불하기로 했다. 그 성능에 비해 턱없이 비싼 가격이었지만 이틀만 사용한다고 해서 그나마도 어렵게 흥정해서 결정된 가격이었다.

첫날, 작업을 마치고 오후 다섯 시에 안전기원제를 지냈다. 초대소 식당에 부탁해 돼지 한 마리를 잡았다. 돼지머리를 제상에 올려놓고 불도저는 작업장 중앙에 세워놓은 채 경수로 공사의 안전을 기원하는 제를 올렸다. 기원제가 끝난 후 돼지머리에 놓인 봉투를 북한 불도저 기사에게 전달하려 했다. 그런데 불도저 기사는 안전기원제를 지내는 동안 멀리 소나무 숲에 숨어 있었고, 기원제가 끝나고 나서 오라고 몇 번을 불러도 우리 앞에 나타나는 것을 꺼렸다. 그래서 같이 있던 안내원에게 양해를 구하고 불러오도록 했다. 자그마하고 기름때가 묻은 불도저 기사는 우리 앞에 나타나서 무척이나 쑥스러워했다. 몇몇 사람이 고맙다고 악수를 하고서 봉투를 내밀었다.

"이 돈은 우리 민족의 오랜 풍습으로 작업자 중 가장 중요한 일을 하는 사람에게 주게 되어 있습니다. 받으세요."

"일 없습네다. 일 없습네다……."

그러면서 불도저 기사가 한사코 거절해 한참 실랑이를 벌인 후에야 겨우 건네줄 수 있었다. 그는 떠맡다시피 받아든 봉투를 들고서 황망히 사라졌다.

다음날은 남한에서 장비와 자재를 실은 배가 양화항에 도착하게 되어 있었다. 첫번째 물자 수송선인 것이다. 하역 인부와 트럭 운전원이 필요해 대상사업국에 인원 요청을 했더니, 단가협상을 하자고 해서 저녁식사 후 회의실에서 만났다. 지난번 인력공급협상 때, 북측에서 제시한 북한 숙련공의 인건비가 우리가 제시한 금액과 두 배 이상 차이가 나서 합의를 보지 못하고 있던 중이었다.

하역 인부에 대해 우리는 하루 여덟 시간 작업 기준에 5.5달러를 주겠다고 했고, 대상사업국에서는 7달러를 요구했다. 협상 때 비하면 큰 차이는 아니었지만 후일 다시 협상하게 될 인력공급협상에 영향을 미칠까봐서 상호간에 양보가 있을 수 없었다. 내일이면 배가 도착하는 터라, 우리 측에서는 애가 탔고, 북측에서는 느긋한 자세로 나왔다. 우리는 끝내 합의를 보지 못하고 돌아왔다.

북한 하역 인부들은 흥남부두에서 동원되어야 했고, 북한 하역 인부가 남한 국적의 배에 승선하는 것도 절차상 까다로운 점이 많았기 때문에 애초부터 단가협상은 원만히 타결될 수 없는 근본적인 문제점을 안고 있었다.

7월 30일, 마침내 물자를 실은 배가 양화항에 도착했다. 양화항은 남한 언론에도 보도되었듯이 비교적 큰 어항이다. 1항차로, 3000톤급 화물선과 6000톤급 바지선이 도착했다. 하역 인부들이 준비되지 않았기 때문에 우리 케도 인원들이 어려움을 무릅쓰고 직접 하역 작업을 하기로 했다. 열한 시쯤 배가 입항하기 시작했으나 하역 허가 등 절차를 밟느라 오후가 되어서야 하역 작업을 시작할 수 있었다.

부둣가에는 군인들이 보초를 서고 있었다. 승선하는 사람들에 대해서는 명단을 적어 미리 신고한 다음, 케도 증명서를 군인에게 맡기고 배에 올라가야 했다. 비록 우리가 케도 인원이라 하더라도 남한 국적의 배에 올라타는 것은 북한에서 출국하는 것과 같은 개념이기 때문에 일종의 간단한 출국 절차였던 셈이다.

초기동원 자재와 장비들이라 분량이 대단히 많았다. 바지선 하역 작업이 시작됐다. 짐을 옮길 수 있는 장비인 지게차부터 내렸다. 지게차가 내려지자 세관원들이 와서 선적서류를 검토하고 나서, 엔진뚜껑도 열어보고 공구상자도 열어보고 하더니 간단히 통관 검사를 끝내주었다.

세관원들은 여섯 명 정도 되었는데 남한의 철도역무원 복장과 비슷해 보이는 청색 제복과 둥근 테를 친 큰 모자를 착용하고 있었다. 케도 사업을 지원하기 위해 함흥에서 온 사람들이라고 했다. 젊은 세관원은 조금 까다로워 사무적인 대화만 오갔고, 조장인 듯한 쉰 줄에 든 사람은 구수한 분위기로 우리를 대해주었다. 젊은 세관원은 나이든 세관원을 '아바이'라고 불렀다.

바지선의 화물들이 웬만큼 빠져나와 길이 트이자, 뒤쪽에 있던 차량들이 빠져나오기 시작했다. 자체 기동력을 먼저 갖추기 위해서는 차량의 통관이 가장 시급했다. 지프차, 1톤 소형트럭과 대형버스들이 줄줄이 빠져나왔다.

하역된 화물이 많아지면서 정해진 구역을 벗어나게 되자, 양화항의 관리인이 황급히 달려오더니 하역된 화물을 빨리 안쪽으로 치워 달라고 성화였다. 알고 보니 그곳은 김일성 주석의 초상이 서 있는 앞쪽이었다. 초상 앞 공간을 지저분하게 만들어서는 안 된다는 것이었다. 실제로 양화항 관리자들은 다음날 철제 바리케이트를 설치하고, 초상 앞으로는 아무도 못 지나가게 했다. 놀라운 순발력이었다.

오후 여섯 시 하역 작업을 일단 마무리하고, 새로 들여온 차량을 타고 숙소로 철수했다. 케도 마크가 선명한 이십여 대의 새 차들이 줄을 이어 양화항을 빠져나와 도로를 가득 메웠다. 케도 차량의 행렬이 경수로사업의 실제적인 움직임을 북한 사람들에게 보여주는 것 같아, 가슴속에서 말할 수 없는 감회가 솟아올랐다. 돌아오는 길에는 오랜 가뭄 끝에 단비가 내렸다. 타들어가는 강냉이밭이 해갈될 만큼 많이 내리길 바랐으나 그렇지는 못했다.

현장에 장비와 차량이 들어오면서 현지 차량보험을 들었다. 함흥에서 보험회사 직원이라는 사람이 와서 차량을 살펴본 뒤 보험신청서 양식을 내밀었다. 북한에도 보험이 있다는 사실이 신기하기만 했다. 남방 차림에 중절모를 쓴 보험회사 직원의 모습에서 풍기는 부조화의 자연스러움이 좋아 보였고, 구수한 막걸리 냄새를 풍기는 인상과 짙은 청색 운동화에 검은 서류가방을 허리에 찬 모습에서는 부지런함이 밴 친근감을 자아냈다.

고기능을 요하지 않는 북한의 보통인부는 이미 임금이 월 110달러로 합의되어 있었으며 하역 작업 이튿째부터 스무 명이 투입되어 화물 정리작업을 도왔다. 남북한 건설 일꾼들이 처음으로 한데 어울려 작업을 시작한 것이었다. 처음에는 서로 경계하고 서먹서먹한 상태였으나, 땀이 나기 시작하면서 이내 가까운 동료가 되었다. 쉬는 시간에는 그늘에 한데 모여 앉아 물을 나누어 마시며 가벼운 담소도 나누었다. 물론 정치적인 대화는 서로가 의식적으로 피했다.

남북한 건설 일꾼들이 함께 일하기 시작함으로써 돌발적인 사고가 발생할 가능성에 대비해 케도 인원들에게 교육을 실시했다. 정치적인 이야기는 삼갈 것, 통치자에 대해서 이야기하지 말 것, 자존심을 건드리지 말 것 등이었다.

8월 1일, 사흘째 하역 작업이 계속되었다. 아침에 새로 들여온 우리 버스를 타고 양화항으로 출발했다. 양화고갯길에서 여자 두 명이 길가에 마주 앉아 메고 다니던 등짐을 풀어놓고 무언가 흥정을 하고 있었다. 앞에 놓인 물건은 호박과 오이 같아 보였다. 오늘은 평소보다 사람들이 훨씬 많았다. 또 여느 때와 달리 깨끗한 옷차림으로 손에 짐을 들거나 등짐을 메고 바삐 다니고 있었다. 옆에 앉은 안내원에게 '오늘이 무슨 특별한 날이냐'고 물었더니 '농민장날'이라며 매월 1일, 11일, 21일 이렇게 세 번 열린다고 했다. 인근에서는 양화가 가장 큰 지역이기 때문에 양화장을 보러 가는 것이었다. 양화장터는 양화항을 지나서 있기 때문에 가볼 수 없어서 아쉬웠다. 도시에서는 일요일이 휴일이지만, 농촌에서는 농민장날이 휴일이었다.

오전에 하역 작업이 끝나자 장비와 자재를 싣고 왔던 배는 귀국 길에 올랐다. 우리는 통관 검사를 빨리 끝내기 위해 물품 세부목록을 한글로 작성해 한 부를 세관원에게 건네주었다. 세관원들은 목록을 보고 물품 명칭과 하나하나 대조해가면서 사용 목적과 반입된 수량을 확인했다. 우리는 하루 동안 통관 검사를 할 수 있는 분량만큼만 선정하여, 포장박스는 북한 인부들을 시켜 해체작업을 미리 해두었다. 우선 당장 사용해야 할 급한 물건이 생기면 세관원들의 양해를 얻어 먼저 검사를 받기도 했다. 우리는 세관원들이 불평하지 않게끔 여러 가지로 신경을 썼다.

남북을 하나로 만든 색깔 짙은 농담

　오랜 가뭄 끝에 새벽에는 모처럼 천둥을 동반한 비가 내렸다. 이른 아침 양화항으로 가는 비포장 시골길은 새벽에 내린 비로 매우 미끄러웠다. 메말라 갈라졌던 논과 가뭄으로 잿빛이 되어가던 산은 비에 젖어 짙은 초록색으로 일순간 변했다. 자연의 조화는 이렇게 인간에게 경이로움을 던져주는 모양이다. 세파에 시달리며 어디로 가고 있는지도 모른 채 살아가는 사람들이 인간성을 회복하고 제자리를 찾아가기 위해서는, 가끔씩은 벌거벗은 자연의 순수함과 마주하는 것도 좋으리란 생각이 들었다. 양화고개 초입에 자리한 서호촌의 넓은 들과 주위의 산들은 한 폭의 수채화처럼 아늑해 보였다.
　마침 길 건너에서는 인민학교 학생들이 목에 붉은 스카프를 매고 행진가를 부르면서 줄지어 가고 있었다. 등교하는 모양이었다. 저학년으로 보이는 어린 학생들이었지만, 절도 있게 팔다리를 흔드는 모양이 고만한 또래의 남한 학생들에게서는 상상해볼 수도 없을 정도로 질서정

연했다.

열흘 전 신청한 북한 운전면허증이 나왔다. 증명사진이 붙여진 자동차 2급 운전면허증에는 '조선민주주의 인민공화국 사회안전부'라는 허가 스탬프가 찍혀 있고, 발급기관은 '함남 안전국', 민족란에는 '조선사람'이라고 적혀 있고, 비닐 커버가 씌워져 있었다. 북한에서 처음으로 발급받은 공식 증명서였다. 대상사업국에서는 운전면허증을 나누어 주면서, "이제부터는 검문소에서 차량운전자에 대해서 면허증 소지 여부를 검사하게 된다"고 일러주었다. 그후 실제로 서호촌 검문소에서는 케도 차량이 지날 때마다 운전면허증을 검사했고, 없으면 통과시켜주지 않았다. 나는 검문소의 부서진 바리케이트를 고쳐준 연이 있어, 깜빡 잊고 면허증을 지참하지 않았을 때에도 사정하면 한번씩 봐주기도 했다.

북한에서는 운전 직종에 대한 인기가 상당히 높았다. 그렇지만 면허증 취득은 쉽지 않은 모양이었다. 운전면허를 따려면 2년 동안 '운전사 양성학교'에서 이론과 실기는 물론, 자동차 정비 과정까지 마쳐야 했다. '이런 교육과정을 남한에 적용하면 교통체증 문제는 해결될지도 모르겠다'는 엉뚱한 생각이 들었다.

마침내 남한과의 직통전화가 개설되었다. 지난번 화물선이 올 때 같이 온 통신회사 직원들이 설치한 것이었다. 전화는 신포 경수로 현장―평양―북경―동경―서울로 중계되는 방식으로 연결되었다. 서울 집으로 전화를 했다. 아내와 큰딸이 전화를 받고서는 "정말 북한에서 건 거예요?" 하고 되물으며 마냥 신기해했다. 전화라는 문명이 그렇게 고

마울 수가 없었다. 전화가 개통되고 나서부터는 북한에 외로이 떨어져 있는 것이 아니라, 남한의 어느 지방에 근무하는 것과 다름없이 느껴졌다. 팩스도 연결되어 시험통화를 마쳤다. 국내 라디오 뉴스에서도 최초의 민간 남북직통전화가 개설되었다고 떠들썩했다.

드디어 하역화물의 정리작업이 끝났다. 경험도 없는 사람들이 아무런 사고 없이 그 많은 1항차 자재와 장비 하역을 마친 것은 대단한 일이었다. 그래서 우리는 월요일인데도 불구하고 오후에 회식을 했다. 초대소 식당에 특별히 닭찜을 부탁해 케도 인원들과 대상사업국 직원들이 솔밭에 모여 함께 점심을 먹었다.

마침 옥류관에서 개점을 알린다며 평양냉면과 술을 가져다주었다. 옥류관은 케도숙소 부지 부근에 최근 완공된 단층 건물에 들어섰고, 여성 봉사원들과 사십대 중반으로 보이는 여성 부지배인이 관리했다. 현장에 평양 옥류관의 분점이 생긴 것이다. 개점을 알리느라 다같이 나온 옥류관 여성들은 하나같이 인물이 좋아 보였다. 부지배인은 짓궂은 남쪽 남자들의 성화에 못 이겨, 〈다시 만납시다〉라는 노래도 한 곡 불러주는 성의를 보였다. 인물 못지않게 노래도 잘했다.

백두에서 한나로 우린 하나의 겨레 / 헤여져서 얼마냐 불러 또한 얼마였던가 / 잘 있으라 다시 만나요 잘 가시라 다시 만나요 / 목 메여 소리칩니다 안녕히 다시 만나요

소주를 겸한 식사시간은 자연히 애주가들을 붙들었고, 자리는 남북

합동 야유회장으로 바뀌어갔다. 남쪽에서 노래를 한 곡 뽑으면 북한 대상사업국 직원들도 한 곡을 뽑았다. 그런데 노래를 부를 때의 특징이 달랐다. 남한 사람들은 노래를 부를 때 가만히 선 자세거나 숟가락이나 소주병을 들고 마이크 삼아 불렀고, 북쪽 사람들은 가만히 서서 부르지 않고 항상 율동이 같이 나왔다. 북쪽 사람들은 주로 새타령 같은 창이나 민요를 많이 불렀고, 노래 실력은 수준급이었다. 어쩌다 남한 사람들한테서 〈삼팔선의 봄〉이라는 노래가 나왔다. 그런데 가사 중 민감한 부분(?)이라고 스스로 판단했는지 어물거리며 넘어가는 해프닝도 있었다.

분위기가 한창 무르익어갈 때 안내원 한 사람이 수수께끼 하나를 던졌다.

"바다 속에서 조개를 잡는 가장 합리적인 방법이 뭔지 아십니까?"

여러 가지 답을 내느라 시끄러운 와중에 안내원이 점잖게 정답을 말했다.

"바다 속에 들어가 수영복을 살짝 내리고 있으면 조개들이 저절로 모여듭니다. 나중에 한번 실습해보시라요."

좌중은 일순간에 폭소의 도가니가 되었다. 남한 사람, 북한 사람 가릴 것 없이, 손뼉을 치며 눈물이 찔끔 나오도록 배를 움켜잡고 웃음을 토해냈다. 이렇게 한데 어울려 큰소리로 웃기는 처음이었다. 난데없이 나온 색깔 짙은 농담이 남과 북을 하나로 만든 것이다. 쌓였던 회포가 말끔하게 풀리는 느낌이었다.

금호무역회사와 숙소 건설용으로 사용될 북한 시멘트의 반입 시기와 저장 장소 등을 협의했다. 시멘트는 금강시멘트와 독수리시멘트 두 가지가 있다고 소개했고, 한 포대의 무게는 50kg이었다. 시멘트공장은 황해도 상원지방에 있는 모양이었다. 가격은 지난번 물자공급 협상에서 이미 합의되어 있었으나 아직 현장에 시멘트를 저장할 시설이 없는 게 문제였다. 그래서 우선 1차 공급분 90톤은 강상리역 창고에 임시로 보관했다가 나중에 현장으로 옮기기로 했다.

금호무역회사에서는 유류 공급에 대해서도 많은 관심을 보였다. 그들은 "경수로 건설에 유류가 얼마나 필요할 것 같으냐" "단가는 얼마 정도면 사용하겠느냐"고 나의 의중을 떠보기도 했다. 기름도 나지 않는 곳에서 웬 유류 공급 얘기인가 싶어 관심을 두지는 않았지만, "남한에서 유류를 싣고 오려면 물류비용이 만만치 않을 것 같아 검토 후 답변을 주겠다"고 여운을 남겼다.

한편 1항차로 수송된 불도저가 현장에 투입되자 마자 유압호수가 터져 긴급히 부품을 들여와야 했다. 가능성은 접어두고 급한 김에 막무가내로 서울에 있는 본부사무실로 연락을 했더니, 일주일 만에 요청했던 부품들이 현장에 도착했다. 북한에 티엔티(TNT)라는 긴급 운송회사의 지사가 있었기에 가능했던 것이다. 조선 대외운수회사는 서울에서 북경으로, 북경에서 평양으로 도착한 화물을 미니 밴에 싣고 현장까지 가지고 왔다. 이로써 화물을 서울에서 북한으로 부칠 수 있는 경로가 생긴 것이다.

신청했던 자동차 번호판도 나왔다. 번호판의 크기는 남한 것과 비슷하고 자주색 바탕에 '금호 1—430'과 같은 번호가 부여되었다. 경수로 건설 지역은 본래 신포시 관할구역이었으나, 발전소 건설과 더불어 특별지구로 지정되어 '금호지구'라는 이름으로 행정구역이 구분되었던 것이다. 북한 인부 두 명에게 드릴 사용법을 가르쳐주고 차량마다 번호판을 달도록 했다.

대상사업국과 다시 인력공급에 관해 협의를 했다. 트럭 운전원의 임금은 서로가 제시한 단가를 절충하는 선에서 잠정 합의하고 운전원을 '공급'받기로 했다. 이때부터 북측 인력이 공식적으로 투입되었다. 투입된 인원은 보통인부 서른 명, 운전원 여덟 명이었다. 근무시간은 아침 여덟 시부터 오후 다섯 시까지였다. 이들은 우선 양화항 화물상차조, 현장 화물하차조, 통관업무 지원조, 하도급 업체에 각각 배치되었다.

그들 중 일부는 케도의 영구숙소 부지로 정해진 지역의 소나무 벌목 작업에 투입되었다. 벌목작업이 한참 진행되고 있는데, 이 지역 행정관청에서 산림감독원이 나와 나무를 함부로 자르지 못하게 했다. 이곳의 나무는 오랜 기간 동안 정성 들여 가꾼 방풍림인데 무차별로 벌목하면 지역 주민들에게 불편을 끼친다는 이유에서였다. 방풍림은, 1960년대에 김일성 주석이 현지교시를 나와서 심도록 지시한 것이기 때문에 함부로 자르면 안 된다는 설명도 잊지 않았다. 대상사업국 또한 숙소 부지라도 꼭 필요한 지역 외에는 벌목을 하지 말아 달라고 요청해와, 우리는 그 요청에 적극 협조했다.

현장에 투입된 북측 운전원은 남한의 덤프트럭을 쉽게 운전했으나, 다소 복잡한 유압장치 조작기술이 서툴러 교육을 시키기로 했다. 남측 운전원 옆 조수석에 북측 운전원을 태우고 교육을 시켰는데, 그들은 한사코 북측 운전원 두 명이 한 조가 되어 같이 타야 한다고 주장했다. 그중 한 명은 '조수'라는 명목이었지만, 대상사업국에서는 아무래도 밀폐된 차 안에 남북한 근로자 두 명만 탄다는 것이 못내 불안한 모양이었다. 하는 수 없이 조수는 무보수로 같이 타도록 허락했다.

다음날 당장 남측 운전원들로부터 불평이 터져나오기 시작했다. 일상적으로 남측 운전원들은 운전 중에 라디오나 테이프를 듣는 것이 보통인데, 북측 운전원이 꺼줄 것을 요구한 것이다. 밀폐된 공간에서 이질적인 노래를 가만히 듣고 있을 수가 없었던 모양이었다. 방법이 없었다. 북한 사람이 타지 않든지, 라디오나 테이프를 틀지 않든지 결정을 해야 했다. 하루 종일 운전만 하며 지낼 수 없기 때문에 북측 운전원에게 이해해 달라고 했지만, 이해가 어려웠던지 운전교육은 빨리 끝나버리고 말았다.

작업장 선무요원이 부르던 〈고향의 봄〉

초대소 인근에 우체국이 들어섰다. '금호우체국'이라 이름붙여진 단층 건물은 동유럽풍으로 지어져 기둥 선이 굵고 창문이 좁고 높으며 건물 내부의 천장이 높았다. 이제 가족과 친구들에게 편지를 부칠 수 있게 된 것이다.

"편지 한 통 부치는 데 얼맙니까?"

"0.7달러입니다."

마침 교환해둔 '외화와 바꾼 돈표'가 있어 내밀었다.

"달러로 주시겠습니까?"

가만 보니 달러로 주면 거스름돈 30센트는 '외화와 바꾼 돈표'로 내줄 눈치였다. 자기들은 달러로 받고 거스름돈은 '외화와 바꾼 돈표'로 주겠다는 의도에 나는 약간 심통이 났다.

"달러로 낼 테니 30센트를 거슬러 주십시오."

여기서는 기본통화가 1달러이므로 30센트가 있을 리 없었다. 그랬더니 여성 봉사원이 잠시 난처한 표정을 지었다.

"그냥 외화와 바꾼 돈표로 주십시오."

그 말에 나는 웃으면서 '외화와 바꾼 돈표'를 내밀었지만 조금은 미안한 생각이 들었다.

털털한 '금호우체국장' 선생은 사서함이 200칸 정도 개설될 예정이고, 한 칸에 연 회비가 15달러라고 하면서 나에게 하나 개설하라고 권했다.

금호우체국 내에 매점이 들어섰다. 우체국 안에 매점이 있다는 사실이 조금은 이상했다. 초대소 구내매점이 1호, 옥류관 옆 매점이 2호, 금호우체국 구내매점이 3호인 셈이었다. '이렇게 매점이 여러 개 생기면, 서로 많이 벌려고 경쟁이 생길 텐데……' 두고 볼 일이었다.

약 2주 후, 내 편지는 남한에 잘 배달되었고, 받은 사람들 모두 '처음으로 북에서 온 편지를 받아보았다'며 인사를 해왔다. 가족들이 보낸 '함경남도 금호지구 차재성'이라고 씌어진 편지도 내게 배달되었다.

초대소에서는 숙소 바로 옆에 '복지관'을 짓는 공사가 한창이었다. 복지관이라는 이름은 복지시설이 들어선다기에 내 나름대로 붙여본 이름이다. 대상사업국에서는 앞으로 경수로건설공사를 위해 남한에서 사람들이 많이 오면 복지관 사업이 잘될 거라고 기대했다.

대외봉사국 소속의 공사책임자는 남쪽 사람들이 사우나 시설을 많이 이용하겠는지, 어떻게 운영하면 좋겠는지, 가격은 얼마면 되겠는지 등을 우리에게 묻곤 했다. 그래서 나는 생각나는 대로 서투른 '조언'을 해주었다. 궁금하기는 서로 마찬가지였다.

복지관 신축공사는 거의가 인력으로 이루어졌다. 복지관이 들어서는 위치가 바닷가였기 때문에 땅을 파기만 하면 나오는 모래로 벽돌을 만들었고, 남녀가 한 조가 되어 시멘트를 들통에 담아 날랐다. 그들은 남녀 구분 없이 똑같이 일을 분담했다. 노동에 대한 남녀 평등이라는 생각이 들었다. 일하는 여자들은 대부분 이십대 초반의 미혼이었다. 콧노래를 부르며 일하는 품이 별로 불만이 없어 보였다. 그런데 쉬는 시간이 되자 한 여성대원이 할 말은 해야겠다는 듯 팀장으로 보이는 남자에게 '중대장 동지!' 하고 부르면서 다가갔다. 무슨 말을 하는지는 알 수 없었지만 불편사항을 털어놓고 있는 것 같았다.

며칠 후, 일요일인데도 복지관 공사는 계속되었다. 복지관에는 이발소, 사우나 시설을 갖춘 목욕탕, 안마실, 당구장, 미니 바 등이 들어선다고 했다. 외화벌이 사업의 일환이라는 생각이 들었다.

그날 따라 선무요원이 나와 작업자들을 독려하느라 작업장 한복판에서 아코디언을 켜가며 흥을 돋우었다. 선무요원과 작업자들이 합창으로 〈고향의 봄〉을 불렀고, 어떤 노래는 선무요원이 선창하고 후렴은 작업자들이 따라 불렀다. 바로 옆에 우리 사무실이 있는데도, 그들은 우리가 듣건 말건 상관하지 않고 노래를 부르며 열심히 일을 했다. 풍부한 성량에 깡이 섞인 듯한 남자 선무요원의 목소리는, 볼륨 있는 아코디언 선율에 실려 구석구석에서 일하고 있는 대원들의 활력을 북돋우기에 충분했다.

책임자라는 사람에게 물어보니 작업자들은 평양과 함흥에서 온 요리사들이라고 했다. 아마도 복지관 신축사업을 위해 작은 조직이 새로 구성된 것 같았다. 책임자는 작업자들이 전문 건설일꾼은 아니지만, 책임지도원이 지도를 잘 해주고 있으므로 문제가 없다고 덧붙여 설명했다.

8월 19일, 경수로 공사 기공식이 확정되었다. 날짜가 확정되자 현장은 기공식 준비작업으로 갑자기 바빠졌다. 기공식장 터 닦기, 전망대 조성, 식단 설치, 발전소와 숙소 부지의 안내간판 설치 등 할 일이 많았다. 그런데 간판을 설치하면서 문제가 생겼다. 참여회사를 소개하는 간판 중에 '한국×××'라고 표기된 것이 있었는데, 대상사업국에서 '한국'이라는 단어가 나타나지 않게 '한×' 하는 식으로 고치라는 것이었다.

도로보수공사도 바빠졌다. 금호무역회사의 현장 부지배인, 동력사업소 설계담당 기사장과 같이 소나무 그늘에 모여 협의를 했다. 급한 일의 우선순위를 정하고, 기공식 전날까지 정해진 일을 어떻게 해서든 끝을 내기로 약속했다. 이른바 공정회의였던 것이다.

케도숙소 부지의 성토작업은 필요한 흙을 거리가 먼 발전소 부지에서 가져오기보다는 인근 마을의 뒷산에서 퍼오는 것이 효율적일 것 같아 대상사업국을 통해 마을 주민들과 협상을 벌였다. 개간된 비탈밭은 훼손하지 않으며, 보상으로 시멘트 10톤을 제공하는 조건으로 흙을 얻어올 수 있었다. 마을 주민들은 양수장을 새로 짓는 데 시멘트를 쓰겠다고 했다.

며칠 전 협의한 대로, 북한 '금강시멘트' 90톤이 강상리역 창고에 반입되었다고 해서 실사에 나섰다. 역사(驛舍) 맞은편에 있는 상점 쪽에 차를 세워두고 역으로 갔다. 역무원이 역사 옆쪽의 철문을 열어주며 나와 금호무역 관계자를 들여보냈다. 강상리역은 남한의 여느 시골 역사와 비슷한 운치를 자아내고 있었다.

 멀리서 전기열차가 오고 있는데도 대합실에 있는 사람들은 탈 준비를 하지 않았다. 역시나 열차는 서지 않고 그냥 지나가버렸다. 작은 시골역마다 서는 완행열차가 아닌 모양이었다. '평양—두만강'이라는 노선표시가 열차 옆구리마다 붙어 있었는데, 알고보니 '평양—함흥—청진—두만강'을 잇는, 북한에서는 가장 긴 동북노선 열차였다. 이 구간은 빠른 열차 편으로 열여섯 시간 걸린다고 했다.

 역사 철길을 건너면 거기에 창고가 있었다. 창고는 오랫동안 사용하지 않았는지 지붕에 구멍이 뚫리고 부서진 곳도 보였다. 비가 오면 시멘트가 젖기 때문에 우선 지붕부터 보수해 달라고 요청했다. 창고로 들어가 시멘트의 품질을 살펴보니 단단하게 굳은 것은 없는 것으로 보아 생산된 지 오래된 것 같지는 않았다. 포대는 질이 좋지 않아 뒤집어보려고 들다가 터져버리고, 일부는 운반이나 하역 도중에 터진 것도 있었다. 포대가 터진 것은 인수할 수 없으니 운반과 하역에 특별히 주의해 줄 것을 부탁하고, 한 포대를 샘플로 가져갈 수 있도록 차에 실어 달라고 했다.

 실사를 마치고 돌아나오는 길에 역 구내에 있는 우물에서 펌프질을 해 손을 씻었다. 여자 역무원은 문 앞에 서서 내가 손을 다 씻는 동안 기다렸다가 다시 철문을 열어주었다.

 하나뿐인 역 앞 상점은 지금까지 거의 문이 닫혀 있었는데 그날 따라 열려 있었고, 안에서는 몇 사람이 물건을 앞에 두고 얘기를 나누고 있었다. 상점 안에는 진열된 물품이 별로 없어 보였다. 북한의 경제구조

특성상 많은 상품을 상점에 진열해둘 필요가 없기 때문일 것이다. 북한은 계획경제체제이기 때문에 필요한 물품의 수량과 소요시기를 미리 파악하여 신청하면, '중앙정부 물자공급소'에서 공급해주고 그것을 분배하면 그만이었다.

남한에서는 북한의 경제개념을 고려하지 않고 북한의 경제실태를 평가하는 측면이 있다. 1990년대 들어 북한산 술이 남한의 백화점에서 판매되기 시작했을 때의 풍경을 소개한 글이 기억난다. 백화점 판매원은 손님들에게 질이 좋지 않은 포장상자를 가리켜 보이며, '이것만 보아도 북한의 경제가 얼마나 낙후되었는지 알 수 있지 않느냐'고 했다. 한술 더 떠서 '30년은 뒤떨어졌다'고 평했다. 경제적인 측면에서 북한이 남한보다 뒤떨어진 것은 확실하지만, 백화점 판매원의 평가는 옳지 않다. 자본주의 사회에서는 상품을 '교환가치'로 평가하지만 사회주의 사회에서는 상품의 가치를 '사용가치'에서 바라본다. 술이란 새지 않도록 병에 담아 필요한 사람이 마실 수 있도록 하면 되는 것이므로, 포장은 중요하지가 않은 것이다.

남쪽 남자들도 바람을 피웁네까?

8월 15일 광복절, 북한에서는 이 날을 '조국해방의 날'이라고 부른다. 초대소 인근 북한 주민들은 아침 일찍 깨끗한 옷으로 갈아입고, 강상리역 앞에 설치된 김일성 주석의 초상 앞에 헌화를 했다.

북한 텔레비전에서는 판문각에서 열리는 청년들의 통일염원 집회를 생중계했고, '철도복구사업을 적극 추진하자!'는 구호 아래 실제 철도 복구작업을 벌이고 있는 현장을 소개했다. 김정일 위원장이 경제재건을 위해 운송수단의 핵인 철도복구사업을 적극 추진할 것을 지시한 것이었다. 각 직장과 학교에서 수영경기 하는 모습을 모아 보여주었고, 농구를 권장하는 프로그램도 있었다. 특히 농구에 대해서는 전문가가 출연해 규칙과 기술을 설명하면서 "키가 크기 위해서는 제일 좋은 운동"이라고 덧붙였다.

휴일이었지만 급한 작업이 있어, 북한 근로자 중 일부 인원이 출근해 우리와 같이 작업을 했다.

며칠 후면 기공식에 많은 손님들이 올 예정이었으므로 나는 초대소에서 임시로 만든 이발소에 갔다. 우리의 요청으로 대상사업국에서는 함흥에서 여자 이발사 두 사람을 데리고 왔다. 나이는 쉰 살이 훨씬 넘어 보였으며, 수더분하고 후하게 생긴 아주머니들이었다. 이들은 오랫동안 이발봉사를 잘해서 '공훈이발사'라는 호칭을 얻었다고 자신들을 소개했다. 역시나 이발 솜씨는 모두가 만족할 정도로 나무랄 데가 없었다.

이발하면서 그들은 스스럼없이 말도 잘 건넸다. 머리숱이 적은 사람에게는 "머리카락이 많이 빠졌습니다" 하고 걱정해주었고, "머리카락이 부드러운 사람은 심성도 곱답니다"라며 이발사다운 경험철학도 얘기해주었다. 그러더니 갑자기 안마 얘기를 꺼냈다.

"안마도 해드리고 싶은데 장소가 마땅하지 않습니다."

이 말을 듣고, 싱거운 우리 직원 한 사람이 농담으로 뒤를 이었다.

"안마는 젊은 사람이 해야 시원하지……."

그러자 대번에 공훈이발사의 표정이 바뀌면서 핀잔이 날아들었다.

"남자들은 남이나 북이나 다 똑같구만요."

그 말에 대꾸할 말을 찾지 못한 우리는 그저 웃을 수밖에 없었다. 잠시 침묵이 흐른 뒤 공훈이발사가 우리 직원에게 되물었다.

"남쪽 남자들도 바람을 피웁네까?"

난데없는 질문에 그는 당황하는 듯했다. '남한 남자'의 자존심에 관계된 질문이기도 하고, '선생님도 바람을 피웁니까?'라는 뜻이 포함돼 있기도 했기 때문이다.

"바람피우는 사람도 더러 있지요."

질문의 의도를 살짝 비켜가는 최선의 대답이었다.

"그렇습니까?"

'어떤 대화가 이어질까' 서걱이는 가위소리를 들으며 나는 귀를 쫑긋 세웠다.

"선생님은 점잖아 보입니다."

공훈이발사의 호기심은 개인의 사생활까지 확대되지는 않았다. 그녀는 대화의 방향을 슬쩍 돌렸고, '점잖아 보이는 선생님'이 된 동료는 공훈이발사의 탁월한 식견에 만족스런 표정을 짓고 있었다.

대화가 차츰 무르익었다. 공훈이발사는 시집갈 나이가 된 딸과 그 아래로 아들을 두었다며 말을 이었다.

"딸애가 집안일도 알아서 잘 도와주고, 나이가 들수록 아버지보다는 엄마 편을 들어주니 키우는 재미가 좋습니다."

그때 이발 순서를 기다리던 안내원이 끼어들면서, 옆에 앉은 나에게 말을 건넸다.

"우리 수령님의 좌우명은 '이민위천'입니다."

'이민위천(利民爲天)?' 갑자기 던져진 고사성어의 뜻을 헤아리고 있는 나를 위해 그는 상기된 표정으로 친절하게 설명을 해주었다.

"항상 인민을 위하는 사회이기 때문에 모두가 행복하게 잘 살고 있다는 말입니다. 차 선생은 좌우명이 뭡니까?"

'좌우명이라?' 갑자기 진지해진 대화에 나는 헛기침 두어 번으로 잠시 시간을 벌었다.

"베풀며 산다는 것이 나의 좌우명이오."

'2년 부은 적금을 타서 10%를 뚝 떼 기부금으로 냈더니, 2년 기분이 좋더라'는 한 선배의 말이 갑자기 생각났던 것이다. '이민위천' 같은 그럴싸한 좌우명이 나올 것으로 기대했던 안내원은 필부의 시시한 좌우명을 듣고 실망했는지 그 다음 말이 없었다. 어쩌면 북한에서는 '(물질을) 베푼다'는 말이 없는지도 모를 일이다.

나는 말을 돌려 공훈이발사에게 농담을 던졌다.

"머리숱이 적은 사람은 깎는 데 수고가 덜하니까 이발비를 깎아줘야 하는 것 아닙니까?"

공훈이발사는 기가 차다는 표정을 지었다.

"숱이 없어도 손이 가는 것은 마찬가지고, 오히려 신경이 더 많이 쓰입니다."

딱 잘라, 깎아줄 수 없다는 말이었다. 결국 나는 이발비로 3달러를 다 지불했다.

―⁂―

새벽 빗줄기 소리에 잠이 깨 라디오를 틀었다. 남한 뉴스에서는 경수로 기공식에 참석할 인사들의 출발 준비 소식과 함께, "이 사업을 계기로 남북관계의 새로운 장이 펼쳐지기를 바란다"는 전문가의 해설이 흘러나왔다. 기공식 하루 전이었기 때문에 방송에서는 매시간 뉴스마다 경수로 기공식에 대한 소식을 내보내고 있었다.

기상예보에서는 태풍이 서해 쪽으로 비켜갈 거라고 했지만, 비로 인해 다음날 기공식이 지장을 받을 것 같았다. 대상사업국에서도 "좋은 날 다 놔두고 하필이면 비오는 날을 잡았느냐?"며 볼멘 소리를 했다. 나이가 지긋한 안내원 한 사람은 다소 자조 섞인 얘기를 들릴 듯 말 듯이 했다.

"수령님께서 1970년대 말부터 원자력발전소 사업을 말씀하셨는데, 밑에 일꾼들이 일을 잘 못해서 이렇게 늦어지게 되었어……."

기공식 하루 전, 남쪽 방송사도 이곳에 도착했다. 초대소 앞마당에 위성수신기를 설치해 오랜만에 남한 텔레비전 뉴스를 볼 수 있었다. 아홉 시 뉴스에서는 괌에서 추락한 항공기 참사 사건과 오익제 씨 월북 사건을 보도했다. 오익제 씨가 만수대 언덕에서 헌화하는 장면은 이곳 북한 텔레비전에서 방영된 것과 같았다. 북한 땅에서 처음으로 남한 텔레비전 뉴스를 시청하면서 다소 흥분되었던 나는, 때마침 월북인사의 소식을 보면서 잠시 혼란스러워졌다. 초대소에서 근무중인 북한 사람들은 지나가면서 남한 방송을 힐끗 쳐다보기는 했으나 보기를 애써 피하는 것 같았다.

기공식 날인 8월 19일은 아침부터 비가 내렸다. 전날 오후 울산항을 출발한 한국해양대학교 소속의 한나라호가 약 열두 시간의 항해를 마치고 아침 일곱 시 양화항에 도착했다. 케도 총장, 경수로 기획단장, 관련회사 사장단, 방송기자단, 신문기자 등 많은 인사들이 참석했다. 비 때문에 길이 미끄러워 손님들을 태우러 갔던 버스가 서호촌 검문소 근처 농로에 빠지는 사고가 발생했다. 이렇듯 외진 곳에서는 흔치 않은 크레인과 운전원이 마침 주변에 있어서 농로에 빠진 버스를 견인해낼 수 있었다. 희한한 우연이었다.

　오후 두 시, 발전소 부지에서 기공식이 시작되었다. 가는 비가 오락가락하는 가운데 200여 개의 의자가 준비된 식장에 남과 북의 관련자들이 자리를 잡았고, 단상에는 주빈들이 자리를 잡았다. 북한 유엔순회대사, 대상사업국 고문, 대상사업국 국장 등 고위급 인사들과 북한 방송기자단의 모습도 보였다. 행사 진행은 케도 뉴욕사무소에 근무하는 한국인 여성이 맡았다.

　보스워스 케도 총장, 허종 북한 유엔순회대사, 경수로 기획단장이 축사를 했고, 한국전력 사장이 경수로사업의 경과를 보고했다. 축사의 내용은 대부분 '어렵게 시작한 경수로사업의 성공적인 수행을 바라며, 나아가 남북 역사의 새장을 열자!'는 것이었다.

　가끔씩 굵어지는 빗줄기에 참석자들은 우산을 폈다 접었다 해야 했다. 남북한 카메라 기자들의 신경질적인 자리다툼과 함께 기공식이 끝나고, 사업의 시작을 알리는 기념 발파가 있었다. 발파음과 함께 오색 연기가 땅을 박차고 오르는 경수로사업의 기공식 장면은 매스컴을 타고 전세계로 퍼져나갔다.

　방송사 기자들은 현장 취재와 근로자들과의 인터뷰로 바삐 움직였다. CNN에서 내게 인터뷰를 요청해와서 난생 처음 카메라 앞에 섰다. 한국인 여기자였다.

　"가장 힘든 점은 무엇입니까?"

　"오랫동안 적대관계에 있었기 때문에 북한에 와서 느낀 심리적인 부담감과 가족들과 떨어져서 사는 외로움입니다."

"외국의 다른 공사와 차이점은 무엇입니까?"

"외국에서의 공사는 소속회사의 이익과 외화 획득을 통한 국가의 이익이 목적입니다. 그렇지만 이곳에서는 그 동안 쌓아온 기술을 유감없이 발휘해 훌륭한 발전소를 건설함으로써 북한 사람들에게 남한에 대한 신뢰를 심어주는 것이 중요합니다. 나아가 이것을 발판으로 남북관계 개선에 도움이 되었으면 합니다."

"통일까지 생각하시는 건가요?"

"통일을 이루는 데 작은 보탬이 될 것이라는 생각으로 열심히 근무하겠습니다."

얼떨결에 인터뷰를 마치고 나니, 주위에 몰려 서 있던 동료 직원들과 북한 사람들이 잘 했다며 박수를 쳐주었다. 북한의 초대소 복지관 신축공사 책임자는 악수까지 청해왔다. 동료 직원들이 박수를 쳐준 것은 이해가 되는데 북한 사람들까지 박수를 쳐주자 조금 당황스러웠다. 혹시 인터뷰 내용 중에 특별히 북한을 비호하는 발언이 있었는지 기억을 되짚어보기도 했다. 북한 사람들은 먹고사는 일 못지않게 통일에 대한 염원을 소중히 여긴다는 사실을 알고 나서야 비로소 북한 사람들이 보여준 환대가 이해되었다.

저녁에는 옥류관에서 만찬이 있었다. 남한에서 한나라호 배편으로 실어온 김치, 떡, 과일 등 많은 음식이 차려졌다. 초대소에서 매일같이 양배추로 만든 물김치만 먹다가 벌건 배추김치를 먹으니 그제야 살 것 같았다. 얼마 전 제철도 아닌 여름에 배추김치를 찾는다고 식당 봉사원 동무에게 무안을 당했던 기억이 새로웠다. 남한에서는 사시사철 배추김치를 먹지만 북한에서는 제철이 아니면 배추김치를 먹을 수가 없었다. 그 이유가 북한의 영농기술이 부족해서인지, 아니면 제철에 나는 채소가 아니면 굳이 먹으려 하지 않는 북한 사람들의 식습관 때문인지는 잘 모르겠다.

  기공식에 참석했던 인사들은 돌아가고, 지난 7월에 합의 못한 개별계약 협상단만 우리와 함께 남았다.

옥류관 출입을 삼가다

현장에서는 기공식 뒷정리를 하느라 남북한 근로자가 힘을 합쳐 비지땀을 흘리고 있었고, 인력공급 문제를 포함한 개별계약 협상도 다시 시작되었다. 북한 인력이 이미 현장에 투입된 상황에서 단가협상을 더 이상 미룰 수가 없었던 터라, 이번에는 인력 공급과 병원 이용 등 몇 가지 문제에 한정해서 짧은 시간 안에 타결 지으려고 서둘렀다.

북측에서 다시 제시한 숙련공 단가는 7월 협상 때보다는 우리 측 안에 많이 근접해 우리가 제시한 단가와 불과 10~20% 정도밖에 차이가 나지 않았다. 아마도 양측이 제시한 단가의 중간쯤에서 잘 타결될 거란 생각이 들었다. 단가협상이 빨리 타결되지 않으면, 상대적으로 남한 근로자들이 많이 투입될 수밖에 없었다. 그것은 북측 입장에서도 바람직하지 않은 방향이었기 때문에 자신들의 주장을 계속 고집할 수는 없는 상황이었다. 그러나 이틀에 걸친 이번 협상도 서로간의 이견을 조금 좁히는 데 그치고 말았다. 결국 저녁식사 후 개별계약 협상단은 다음 협상을 기약하고 남한으로 돌아가기로 했다.

밤늦게까지 협상단이 철수 준비를 하느라고 어수선할 즈음 사고 소식이 전해졌다. 남측 근로자 한 사람이 옥류관에서 술을 마시고 나오다가 넘어지면서 현관 유리창을 깨뜨려 다리에 유리가 박혔다는 것이다. 다행히 협상차 방문한 남한 외과의사가 응급처치를 했지만, 다음날 사고 뒷수습으로 초대소는 어수선했다.

대상사업국에서는 이 문제를 '있을 수 없는 무례한 행동'으로 간주해 강력히 대처하겠다고 나왔고, 피해자인 옥류관 측에서는 '술 취한 상태에서 일어난 단순사고'이므로 '기물 파손에 대한 변상조치' 선에서 일이 마무리되었으면 하는 눈치였다. 대상사업국에서는 앞으로 근로자들이 많아지면 또 어떤 우발적인 사고가 일어날지 모르는 일이라며 일벌백계 차원에서 '사과와 처벌'을 요구해 우리는 상당히 곤란한 입장에 처하게 되었다.

며칠 후 사고를 낸 근로자는 치료를 받기 위해 귀국했고, 남측 근로자들은 해이해진 기강을 바로잡는다는 취지로 당분간 옥류관 출입을 자제하기로 했다. 처음 현장에 부임해 어려웠던 점은, 이처럼 사소한 일들이 그 자체로 다루어지지 않고, 앞으로 벌어질 사건들에 대한 시금석으로 간주되어 확대 해석되고 비화되는 것이었다.

한편, 대상사업국에서는 최근 남북측 근로자들이 같이 일을 하면서 발생한 몇 가지 사항에 대해서 주의와 시정을 요청해왔다.

첫째, 남측 근로자가 북측 근로자에게 간식시간에 음료수와 과자 등 먹을 것을 내놓지 말 것.

둘째, 북측 근로자에게 세차를 시키지 말 것. 일전에 남측의 버스 운전원이 자기는 운전석에 앉아 있으면서 북측 근로자에게 세차를 시켰다는 것이다. 짐작컨대, 남측 운전원은 운전석에 앉아 운전석 등 내부를 청소한 것 같고, 북측 근로자는 물을 퍼서 외부 세차를 한 것 같았다. 이런 모양새가 북한 사람들의 눈에 주인과 머슴의 관계로 비추어졌는지 아주 질색을 했다. 세차를 할 때는 북측 근로자에게 도움을 요청하지 말 것이며, 어쩔 수 없이 같이하게 되는 경우에는, 같이 물을 적시고 같이 닦아야 말이 없을 것 같았다.

셋째, 남한 사람들이 일과 후 매점에 앉아 맥주를 마시고 군것질을 하며 돈을 쓰는 것이 상당히 이질감을 불러일으키므로 삼가해 달라는 것이었다. 맥주 한 캔, 담배 한 갑에 불과했지만 남한 사람들의 씀씀이가 북한 사람들의 눈에는 좋지 않게 보인 모양이었다.

기공식과 개별계약 협상이 끝나고, 현장은 본격적으로 경수로건설공사 준비작업에 들어갔다. 맨 먼저 숙소 지역의 임시식당 설치를 위한 기초 콘크리트 작업이 시작되었다. 첫 콘크리트 작업이라 준비가 완벽하지는 못했지만, 북측 근로자들은 리어카로 자갈을 나르고 삽으로 시멘트 비비는 일을 열심히 해주었다. 남측 근로자와 북측 근로자들은 횃불을 밝힌 채 밤늦도록 작업을 했다.

다음날, 도로보수공사의 시작 지점인 서호촌을 방문했다. 그곳에서는 조그만 도랑을 메우기 위한 암거 설치작업이 한창이었다. 십여 명의 돌격대원들이 동원되어 도랑물을 퍼내고, 기초를 다지고, 돌을 쌓고 있었다. 금호무역회사의 현장 부지배인이 공사 진척상황을 설명해주었다. 그는 도면을 펼쳐 보이며 당초 계획대로 굽은 농로를 보수하는 것보다는, 철길 옆을 따라 직선으로 새로 길을 내는 것이 장차 이용가치가 높다며 노선을 바꾸자고 제의해왔다. 일종의 설계변경인 셈이었다.

"변경노선에는 아직까지 강냉이가 자라고 있고 두어 배미 되는 논이 있어, 수확철을 기다리자면 공사기간이 길어지지 않겠느냐"고 하자, "변경노선대로 하자면 일 양이 많아지기는 하겠지만, 지역의 편의를 위한 일이므로 가을걷이가 끝나는 대로 우리끼리 빨리 마무리하겠다"고 해서 우리도 설계변경에 합의했다.

숙소 지역에서는 배관작업을 지원하고 있던 북측 근로자 한 명이 작업 도중 손가락을 다치는 사고가 발생했다. 옆 사람이 세워둔 주철관을 넘어뜨리는 바람에 관이 손 위로 떨어지면서 손가락뼈를 다친 것이었다. 환자는 남측 의사에게 응급치료를 받은 다음, 엑스레이를 찍기 위해 볼보 승용차에 실려 북한 진료소로 향했다. 당분간 일을 못 나올 것으로 보여, 치료기간 동안 임금의 60%를 지급하겠다고 북측 근로자 대표인 직장장에게 통보했다. 작업 도중 발생한 최초의 안전사고였다.

오후에는 북청에 있는 남대천 골재장을 방문했다. 일꾼들은 둑방에 선별기를 설치해두고, 하천 바닥에서 원석을 퍼담아 와서 골재와 모래를 생산하고 있었다. 모래의 품질은 섞여 있는 토분을 얼마나 잘 씻어내느냐에 달렸는데, 그들은 큰 웅덩이를 파고 물 속에 모래를 그냥 담궈 놓고만 있었다. 이렇게 하면 품질관리가 되지 않으므로 웅덩이에 배수구를 만들어 불순물이 씻겨나갈 수 있도록 하라고 요청했다.

이준 열사의 생가가 있고, '북청사과'로도 유명한 용전리를 지나올 즈음 안내원에게 농담을 걸었다.

"나중에 사과 익을 때쯤 해서 사과 서리 하러 한번 나옵시다."

"그러다 붙잡히면 몽둥이로 다리가 부러지지."

"잡힐 것 같으면 내가 얘기를 꺼냈겠어?"

그러면서 나는 다시 진지한 표정을 지으며 말을 이었다.

"용전리를 지나자 마자 철길 아래쪽에 검문소가 있지 않습니까? 그 반대쪽인 이쪽 산비탈 뒤로 해질녘에 타넘으면 눈에 띄지 않고 사과밭으로 들어갈 수 있지 않겠어요?"

그랬더니, 안내원은 우스갯소리임을 알아채고 빙그레 웃으며 말했다.

"자신 있으면 한번 해보라요."

안내원은 '서리'라는 말을 이해했고, 그도 어린 시절 몇 번 정도는 했던 추억을 부인하지 않아 반가웠다. 안내원과 잡담을 하는 동안 나의 애마 '갤로퍼'는 용전리를 지나 광천리로 접어들고 있었다.

"이곳 광천리는 향 찹쌀로 유명한 곳이지. 여기 찹쌀로 밥을 지으면 향기가 아주 좋다구."

"그럼 살 수도 있습니까?"

"살려면 살 수 있갔지."

"그럼 한 말만 부탁드립니다."

'광천리 향 찹쌀이라……' 어떤 향이 나는지 궁금했으나, 결국 먹어보지는 못했다.

대상사업국에서 공문을 보내왔다. 북한 정부로부터 접수한 첫번째 공문이었다. 공사비 지불을 위한 은행계좌번호 통보 공문이었는데, 맨 위에 '조선민주주의 인민공화국'이라는 굵은 글씨가 씌어 있고, 발송인란에는 붉은 도장이 찍혀 있었다. 도장에는 잘 익은 벼이삭이 둘러쳐져 있고, 그 안에 수풍발전소의 풍경이 그려져 있었다. 우리 모두는 한동안 공문을 바라보며 또 한번 세월의 변화를 실감했다.

이로써 그 동안 중개은행 계좌번호가 확정되지 않아 지불이 미루어져오던 금호무역회사의 시멘트 선수금, 골재 생산비, 공사 기성금 등을 송금할 수 있게 되었다. 미국의 경제제재 조치로 인해, 북한 측에서 선정하게 되어 있는 제3국 중개은행의 선정이 쉽지가 않았던 것이다.

공사비를 지불하는 과정은 이러하다. 현장에서 공사비를 확정해 서울에 있는 본사로 통보하고, 본사에서는 외환은행에 송금을 의뢰하고, 외환은행은 다시 지급은행인 미국은행으로, 미국은행은 중개은행인 홍콩은행으로, 홍콩은행은 다시 북한의 조선무역은행으로 입금시키도록 돼 있었다. 공사비는 이렇게 돌고 돌아 약 이십일 후 금호무역회사 사장이 공사비가 입금되었다는 것을 확인해줌으로써 종결된다.

8월 28일은 북한의 '청년절'이었다. 1997년은 '청년동맹 창설 70돌'이고 '청년절 제정 6년째'라고 했다. 텔레비전에서는 평양의 김일성광장에서 열리고 있는 청년들의 야회(夜會)를 생중계해주었다. 광장을 가득 메운 수많은 청춘 남녀들이 포크댄스 같은 춤을 추며 즐기고 있었다. '대동강 건너기 수영대회' 장면도 방영되었다. 수영대회를 중계하는 보도원이 학생들의 담력을 키우기 위한 것이라고 설명을 덧붙였다.

8월의 마지막 토요일이었다. 아침에 출근하자 마자 우리들은 초대소 주위의 쓰레기를 수거하기 시작했다. 그 동안 화물포장을 해체하느라 생긴 쓰레기가 초대소 주위에 마구 흩어져 있었던 것이다. 포장해체작업은 북측 근로자들에게 맡겼었는데, 쓰레기를 치우는 건 자존심 상하는 일이라고 생각했는지 남한 사람이 보는 앞에서는 쓰레기를 치우지 않으려 했다. 천해 보이는 일은 못하겠다는 뜻인데, 앞으로 이들과 함께 해나가야 할 일들을 생각하니 까마득하기만 했다. 우리가 솔선수범해 그들의 감정에 호소하는 것 외에는 달리 방법이 없었다. 귀한 일 천한 일 따질 것 없이 협조해주기를 바라는 간절한 마음으로, 한 시간 정도 쓰레기 수거작업을 했다. 초대소 주위도 훨씬 깨끗해졌거니와 이심전심으로 통했는지 그 뒤로는 북측 근로자들 스스로 현장 청소를 하기도 했다.

우리 근로자들이 이곳에 온 지 한 달이 지나자 근로자들 사이에서 불만이 터져나왔다. 지금은 그렇지 않지만 당시에는 우리 정부가 해외 근로자에게 주던 세금공제 혜택을 주지 않는 것으로 방침을 세운 것이었다. 세법상 해외 현장이 아니라는 이유였다. 따라서 국내 봉급에다 해외근무 수당이 보태져 소득은 높아졌지만 그만큼 세금이 많이 부과되었다. 근로자들 중 몇몇 젊은 사람들은 귀국을 요청하기도 했다. 제한된 생활 공간이 정신적인 피로감을 누적시킨 데다 과다한 세금이 사기를 저하시킨 것이었다.

한 달이라는 시간이 젊은 사람들에게는 수십 년 동안 베일에 가려 있던 북한에 대한 호기심을 풀기에 충분한 시간이었던 모양이다. 일년 정도는 일하겠다는 작정을 하고 왔을 남측 근로자들이 이곳 생활이 힘들어서도 아니고, 어처구니없게도 세금공제 혜택을 못 받는다는 이유로 귀국을 요청해오자 안타까운 마음이 들었다. 결국 한 명은 남한으로 돌아가고 나머지 사람들은 '규정이 그런데 어떡하겠느냐'며 남았다.

숙소 구내의 도로공사에 필요한 골재를 구해보려고 서호촌 인근에 있는 호만포리를 방문했다. 호만포리는 경수로 공사구간 밖에 있는 양화고개 초입에서 오른쪽으로 보일 듯 말 듯 야트막한 언덕에 자리잡은 마을이다. 동행한 안내원이 마을 입구에 있는 검문소에서 우리 일행의 방문 이유를 설명하고 나서 마을로 들어갔다.

마을 초입에는 '교양실'이라는 단층 건물이 반듯하게 자리잡고 있었다. 교양실은 사회주의 사상교육과 생활총화가 이루어지기 때문에 교양실은 마을의 가장 좋은 자리에 지어진다.

얕은 내리막길을 내려서 왼쪽으로 굽어드니, 이내 영락없는 농촌마을이 고향 냄새를 풍기며 모습을 드러냈다. 마을은 꽤 높은 뒷산에서 흘러내리는 개울을 사이에 두고, 양쪽으로 가옥들이 자리잡고 있었다. 최적의 배산임수 조건을 갖춘 데다 주산을 타고 내려온 정기가 빠져나가지 못하도록 좌청룡이 길게 감싸안은 형세로 보아, 풍수지리상 복이 깃들기에 충분했다. 집들은 기와로 지붕이 얹혀 있고, 벽은 주로 흰색으로 칠해져 있었으며 돌담으로 둘러싸여 있었다.

돌담에 '염소농장'이라는 간판을 붙여놓은 유난히 큰 집의 안마당을 기웃거렸다. 염소관리공 여성이 머리에 삼각수건을 두르고 염소를 어디론가 몰아가고 있었다.

'풀과 고기를 맞바꿀 데 대하여'라는 북한의 농촌경리구호가 있다. 이것은 1996년도에 김정일 위원장이 '들판에서 풀을 먹고 자라는 염소를 많이 키워 북한인민들에게 고기를 먹이자'는 취지로 내린 교시인데, 유럽 알프스 지역의 초지에서 방목되는 가축에서 힌트를 얻었다고 한다. 그 후로 북한에서는 노는 땅에는 빈틈없이 풀씨를 뿌려 풀판을 조성하고 염소 사육에 많은 노력을 기울이고 있다.

우리는 뒷산에서 흘러내리는 개울을 거슬러 올라가면서 골재가 얼마나 매장되어 있는지 확인했다. 그런데 매장량이 많지 않은 것으로 판단되어 그곳에서의 골재 채취는 일단 보류하기로 했다. 강냉이와 고추를 심어놓은 개울 상류는 마을로 접어드는 골목 어귀쯤이었다.

골목 어귀에는 강냉이 알곡을 말리느라 펼쳐놓은 멍석 위에서 서너 살 먹은 아이 둘이 마주 앉아 손장난을 하고 있고, 씨암탉 한 마리가 알곡을 탐할 기회를 엿보느라 애들 주위를 맴돌고 있었다. 이때 바가지를 손에 든 아낙이 닭을 쫓으러 나왔는지 바쁜 걸음으로 오다가 우리와 마주쳤다. 아낙은 낯선 우리를 보고 잠시 머뭇거리더니, 닭 쫓는 일이 급했던지 '워이!' 하고 닭부터 쫓아냈다. 말을 건네보고 싶었으나 자연스러운 그 모습이 보기 좋아 간섭하지 않았다.

내 앞에 나타난 농촌마을 풍경과 몇몇 마을 사람들은, 생면부지의 사람들로 전혀 느껴지지 않았다. 말을 건네면 금방이라도 살아가는 얘기를 스스럼없이 해줄 것 같았고, 목을 축이라며 물이라도 떠줄 것 같았다. 따가운 가을 햇살을 뒤로 하고 돌아나오는 길에, 지나가는 남자에게 이곳 개울 이름을 물어보니 '동대천'이라고 일러주었다.

초대소로 돌아오는 길과 나란히 놓인 철길에는, 마침 두만강까지 가는 전기열차가 지나가고 있었다. 우리가 승용차를 40km로 달리니, 열차와 앞서거니 뒤서거니 했다. 날씨가 더운 탓인지 승객들은 열차의 창문을 열어 놓고 상반신을 내민 채 우리를 바라보고 있었다. 한껏 속력을 내, 우리가 탄 갤로퍼를 뿌리치기를 바라는 눈치였다. 철로보수작업을 하던 주민들은 열차를 피하기 위해 한쪽으로 물러섰고, 핑계삼아 쇄석(碎石)을 담아 나르던 소쿠리를 내려놓고 잠시 쉬고 있었다.

초대소로 돌아온 다음날 아침, 초대소 지붕 위에 널려 있는 이슬 젖은 태양초가 햇빛에 반사되어 따사롭게 보인다. 며칠 전부터 고추를 말리는 걸로 봐서 아마도 초대소의 가을 김장용으로 쓸 모양이었다.

이 날은 물자를 실은 배가 두번째로 양화항에 도착하는 날이었다. 우리는 지난번에 하역해본 경험을 살려 최소 정예인원만 조직해 배가 도착하는 시간에 맞춰 양화항으로 갔다. 양화항 내 북한 관리자들도 지난번보다는 체계적으로 일을 처리했다. 경비군인들의 초소도 세 군데로 늘어 시간마다 교대 근무를 했고, 교대 시간이 되면 책임자가 교대 근무자를 인솔해와서는 절도 있게 업무를 인수인계하고 갔다.

우리가 승선 허가를 기다리며 부둣가에서 서성거리자, 질서가 없어 보였던지 군인이 나섰다.

"뒤로 나가 정렬해 있으시라요."

우리가 몇 발자국 뒤로 물러서는 시늉만 보이자, 군인이 벌컥 화를 냈다.

"나하고 장난하자는 기야요!"

우리는 금방 총이라도 겨눌 것 같은 군인의 무서운 눈초리에 냉큼 뒤로 물러났다. 민간인 신분인 우리에게 정렬을 요구하는 그 군인에게 문제가 있는지, 아니면 항구를 빌려쓰는 처지에 어수선하게 서 있던 우리에게 문제가 있는 건지 모르겠지만, 여하튼 질서의식이 부족했다는 생각이 들었다.

이윽고 배가 도착했고, 우리는 승선조와 부두조로 나뉘어 하역 작업에 착수했다. 안전사고가 나지 않도록 조심했으나, 하역 도중 양화항 항장이 지게차에 치이는 사고가 발생했다. 지게차는 남측 운전원이 운전하고 있었다. 배에서 화물을 싣고 나와 야적장으로 가기 위해 후진을 하던 중, 뒤쪽에서 허리를 숙인 채로 배를 살피고 있던 항장을 미처 보지 못하고 친 것이다. 항장은 주위 사람들의 도움으로 곧바로 승용차에 실려 병원으로 갔으나 상태가 심각해 보였다. 경수로건설공사 도중 발생한 최초의 대인 장비사고였다.

사고 현장을 수습하고 나자 대상사업국과 케도 관계자가 모여 대책회의 겸 현장조사를 했다. 조사 결과 항장은 후진할 때 울린 경고음을 듣지 못했고, 허리를 숙이고 있는 항장을 지게차 운전원이 발견하지 못해서 발생한 단순사고로 결론 지어졌다. 양화항 직원, 세관, 이민국 측에서는 조사 결과에 대해 끈질기게 항의를 해왔다. 책임자가 다쳤으니 그들의 심정을 이해하고도 남았다.

사고를 낸 남측 운전원은 낯선 곳에서의 상상도 못한 인사사고로 기가 푹 죽어 있었다. 주위에서는 단순사고라 큰 문제는 없을 것이라며 며칠 안정을 취하고 다시 작업에 복귀하는 것이 좋겠다고 위로해주었다. 본사에서도 북한에서 일어난 최초의 인사사고인 관계로 사후 처리에 대해 비상한 관심을 갖고 지켜보았다.

  다음날 대상사업국에서는 환자의 상태가 심각해 치료 후에도 정상적으로 활동할 수 없을 거라는 의사의 소견을 전해주었다. 북한에서도 보험제도가 있어 이러한 경우 보험처리가 되기는 하지만, 나중에 후유증이 나타나면 본인이나 가족들이 찾아와 호소하는 등 골치 아픈 일이 생긴다며 대상사업국에서는 미리부터 걱정이 많았다. 벌써 피해자의 아들이 대상사업국에 찾아와 노동력 상실에 대한 보상을 요구하고 있는 것 같았다.

  대상사업국에서는 이번 사건이 신속히 처리될 수 있도록, 사건담당 관할구역을 '신포시'에서 '금호지구'로 이관했다. 다음날 사고를 낸 남측 운전원은 간단한 피의자조사만 받고 쌍방과실로 처리되어 형사상 문제가 종결되었다.

잊을 수 없는 마을운동회

잊을 수 없는 강상리 인민학교 '마을운동회'

영란 동무에게 못다 배운 노래

우리의 소원은 휴가

노동신문 사건

운전원으로 '공급' 된 북한 운전원

선생은 컴퓨터 앞에서 돈 계산만 하니, 건강에 해롭지

서울로의 휴가

함흥냉면의 원조

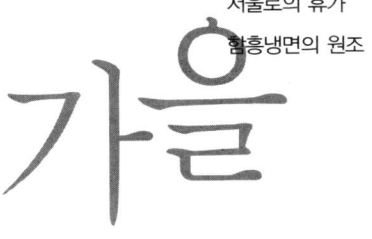

잊을 수 없는 강상리 인민학교 '마을운동회'

9월 4일 목요일, 가을로 들어서려는지 햇볕은 아직 따가웠으나 하늘은 맑고 높았다. 강상리 인민학교 학생들이 짧은 운동복 차림으로 학교를 분주히 드나들고 있었고, 학부모로 보이는 여인네들은 손에 보따리를 들거나 머리에 소반을 이고 학교로 모였다. 단박에 가을 운동회가 열리고 있음을 알 수 있었다. 학교 안에서 들려오는 확성기 소리를 정확히 알아들을 수는 없었지만, 운동회의 열띤 분위기만큼은 충분히 짐작이 갔다.

점심시간이 되었는지, 여인네들은 학교 앞 솔밭 그늘에 앉아 가져온 음식들을 풀어놓고 아이들을 불러 모았다. 그늘이 넓은 곳에는 여러 가족이 모였고, 작은 곳은 한두 가족만 모여 식사를 했다. 아이들은 식사 중에도 장난을 치고 뛰어다니느라 소란했다.

어릴 적 운동회 때면 으레 학교 앞에 등장하는 풍선 장수, 솜사탕 장수로 북새통을 이루던 모습이 눈에 선했다. 평소 갖고 싶던 장남감도 이때를 틈타 하나씩 얻을 법한데, 이곳에는 장사꾼들이 없었다. 어릴 적 운동회 때 어머니가 차려오신 점심밥을 먹으며 친구들과 즐거운 시간을 보내던 생각이 나서, 나는 한참 동안이나 멍하니 그들을 쳐다보았다. 가까이서 구경할 수 없어 아쉽기만 했다.

9월에 들어서면서 새벽운동을 하는 일꾼들이 늘어났다. 쾌청한 날씨도 날씨거니와 이곳 생활 한 달 반이 지나면서 다들 어느 정도 적응을 한 것 같았다. 나도 새벽 일찍 일어나 운동을 시작했다. 주로 조깅을 했는데, 초대소에서 숙소 부지까지 약 2km 되는 거리를 왕복해서 뛰었다.

오염이라고는 찾아볼 수 없는 새벽, 밤새껏 해풍과 씨름하던 소나무들은 간밤의 씨름이 격렬했던지 밑둥은 잔뜩 이슬에 젖었고, 여명이 터오자 짙은 솔향기를 안도의 한숨처럼 토해내고 있었다. 소나무는 이제 막 여장을 풀고, 다가올 낮 시간 동안의 삶의 바통을 넘겨주기 위해, 잔솔가지를 가볍게 흔들며 차분하게 나를 기다리고 있었다.

9월 9일, 아침식사 후 도로보수공사 현장확인을 위해 강상리를 지날 때였다. 역 앞에서부터 가벼운 옷차림을 한 사람들로 붐볐다. 강상리 인민학교에서 '마을운동회'가 열리고 있었기 때문이다. 오늘이 바로 북한에서 8대 명절 중 하나인 '구구절'(북한정권창건기념일)이었던 것이다. 강상리 인민학교는 도로보수공사 현장과 바로 접해 있었기 때문에, 큰맘 먹고 우리 직원 셋은 안내원과 같이 구경을 하기로 했다.

길 옆에 차를 세워두고 교문으로 들어섰다. 우리가 들어가자 진행 책임자인 듯한 사람이 나오더니 "안내원이 누구십니까?" 하고 물었다. 안내원과 같이 왔음을 확인하고는, 우리에게 "끝날 때까지 참관하겠느냐, 아니면 잠깐 보고 가시겠느냐?"면서 선택의 기회를 주었다. 현장업무도 있고 해서 "잠깐 보고 가겠다"고 했더니, "그러면 가까운 곳에서 보고 가시라요"라고 했다. 끝날 때까지 참관하겠다고 했으면 아마 천막을 쳐놓은 본부석 근처로 안내하려 했던 모양이었다.

  우리는 주위의 시선을 의식하며 약간은 긴장된 자세로 사람들 사이를 헤집고 적당한 자리를 찾아 올라갔다. 관람석은 운동장을 빙 돌아가며 흙을 돋우어 높여놓아 운동장에서 벌어지는 경기를 잘 볼 수 있었다. 주민들이 학교 운동장을 가득 메울 정도로 많아, 나는 북한 주민과 어깨가 맞닿을 정도로 가까이에서 마을운동회를 구경하게 되었다. 예상과 달리 북한 주민들은 우리를 보고도 별로 당황해하지 않았다.

  나는 뒷짐지고 서 있는 남정네들 옆자리보다는 아기를 업은 젊은 아주머니 옆에 자리를 잡았다. 아기는 따가운 햇볕에 지쳤는지 목을 뒤로 꺾고 엄마 등에서 자고 있었고, 엄마는 축구시합을 구경하느라 앞만 보고 있었다. 낯선 이방인을 의식해서 아기를 돌볼 생각을 잊었는지도 모를 일이다. 뒤에는 작은 키에 얼굴이 검고 마른 체격의 청년이 검은 안경을 낀 채 내 어깨 너머로 운동경기를 즐기고 있었다.

  목을 뒤로 젖힌 아기의 모습이 안타까워 아주머니에게 "아기 머리를 바로 해야겠다"고 말했더니, 뒤에 서 있던 청년이 나서서 아기의 머리를 바로잡아주었다. 아주머니는 무안해하는 표정으로 나를 흘낏 보다가 아기를 추슬러 업었다. 가타부타 말이 없이, 설명조차도 필요 없이 단 한마디로 나, 검은 안경을 낀 청년, 아기엄마, 이렇게 셋이서 순식간에 하나의 행동을 실천한 것이다.

운동장에서는 축구시합이 끝나가고 있었다. 경기는 마지막 1분까지 서로 골을 넣으려고 치열했다. 흥분한 몇몇 사람들은 주전자를 든 채로 공을 따라 오르락내리락하며 경기장 바깥에서 선수들보다 더 열심히 뛰고 있었다.

응원전 또한 치열했다. 열 개도 넘는 단체들이 나누어 관람석을 차지하고, 응원단이 나와 열띤 응원전을 펼치고 있었다. 내가 서 있는 바로 앞쪽에는 한복을 차려 입은 대여섯 명의 젊은 치어리더 아주머니들이 열심히 응원을 하고 있었다. 치어리더 아주머니들은 이십대 후반에서 삼십대 후반 사이로 보였는데, 긴 전통한복을 차려입고 손에는 양산을 들고 있었다. 열을 맞춰선 치어리더 아주머니들은, 응원석에서 부르는 노래의 리듬에 따라 팔과 어깨를 흔들며 왼쪽으로 대여섯 걸음, 오른쪽으로 대여섯 걸음을 반복하며 율동을 했다. 땀을 흘리며 율동을 하는 야무진 표정은, 내 이웃의 새댁 같은 느낌이 들어 퍽이나 인상에 남았다.

오른쪽에서는 어린 여학생이 레이스가 달린 짧은 치마에 하얀 스타킹을 신고 나와 율동으로 응원단을 이끌고 있었고, 왼쪽에서는 앰프를 설치해놓고 건장한 남자가 북을 치면서 목소리를 높이고 있었다. 요란한 앰프 소리에 남자는 흥이 났는지 응원석으로 들어가 할머니 한 분을 모시고 나왔다. 엉겁결에 붙들려 나온 할머니는 나오자 마자 앞뒤 가릴 것 없이 춤을 추기 시작했다. 할머니가 흥을 돋우자 앉아 있던 다른 할머니들이 모두 나와 춤판을 벌였다. 응원석은 삽시간에 질서를 잃고 잔치판이 되는가 싶더니 축구 경기가 끝났다는 호루라기 소리가 들려왔다.

시끄러워진 운동장에서 축구 선수들이 빠져나가자 본부석에서 "다음에는 자전거 달리기가 있겠으니 선수들은 빨리 참가해 달라"는 안내방송이 뒤따랐다. 자전거 달리기는 운동장 양쪽에 있는 축구 골대를 돌아오는 릴레이 경기였는데, 골대 주위에서 급커브를 얼마나 기술껏 돌며, 모래판에서 쓰러지지 않고 힘차게 달리느냐가 승부의 관건이었다. 자전거 달리기는 참가팀이 많아 응원소리도 더욱 시끄러웠다.

자전거 달리기에 이어 단체 마라톤 경기가 벌어졌다. 약 6km 되는 거리를 남녀 스무 명이 한 팀이 되어 뛰었다. 인솔자의 구령에 따라 씩씩하게 출발한 선수들의 모습은 '조', '국', '통', '일' 이라는 구호와 함께 운동장에서 점점 멀어져갔다.

북한 주민들 속에 끼어들어 그들의 체취를 느끼며 이렇게 가까이 있기는 처음이었다. 내 눈앞에서 벌어진 마을운동회는 한 치의 꾸밈도 없는, 북한 사람들의 삶의 모습 그대로였다. '북한의 평범한 사람들과 함께한 이 숙명적인 경험이 나에게 어떤 메시지를 전하려는 것일까?' 나는 문득 그것을 찾고 싶은 생각이 들었다.

어떻게 하여 지금까지 북한이라는 말만 들어도 머릿속은 먹구름부터 끼고, 몇 장의 이미지만으로 북한에 대해 다 알고 있다고 생각했는지……. 알 수 없는 일이었다. 지금 내 눈앞에서 살아 움직이는 원색의 동영상은 결코 상상도 못한 일이었다. 나는 시인이 아니어서 노래로는 부를 수 없을지라도, 이 자연스러운 빛깔을 그대로 전해줄 수는 없을지라도 어떻게든 이 느낌만큼은 남한 사람들과 함께하고 싶었다.

나도 모르게 허리를 곧추세웠다. '나도 때가 오면 그들에게 뭔가를 보여줘야 되지 않는가?' '지금부터라도 남과 북을 잇는 발걸음에 동참

해야 하지 않을까?' 나는 너무나 큰 숙제를 그들로부터 빚지고 있음을 느꼈다.

초대소로 돌아오는 길에 우리는 가장 먼저 출발했던 팀이 반환점을 돌아오는 것을 보았다. 몇몇 여자 선수들은 지쳤는지 숨을 헐떡이며 점점 대열에서 처지기 시작하더니 이내 뛰는 것을 포기하고 만 듯했다. 자전거로 뒤따르던 응원조는 뒤로 처진 여자 선수들을 독려하면서 등을 떠밀기도 하고, 그래도 못 뛰는 선수는 자전거에 태우고 앞서가는 선수들을 응원하며 뒤따르고 있었다.

영란 동무에게 못다 배운 노래

초대소 식당에는 고만고만한 또래의 '여성 동무'들이 여섯 명 있었고, 주방에는 '어머니'라고 불리는 젊은 할머니가 우리의 영양을 책임지고 있었다.

봉사원 동무들은 둥근 6인용 식탁을 한 사람이 4개 정도씩 맡아 식사 분배를 해주었다. 그 동무들 중에서 나는 장영란 동무가 제일 예뻐 보였다. 동무들 중에서 제일 어렸고, 포동한 얼굴은 빛 좋은 복숭아처럼 티 하나 없었다. 찬이 모자라 부르면 한 손으로 얼굴에 맺힌 땀을 닦으며 "요구되는 게 있습니까?" 하며 잊지 않고 와주는 동무였다.

어느 날 저녁식사 때였다.

"영란 동무!"

부르는 소리에 영란 동무가 다가왔다.

"요구되는 게 있습니까?"

"옥파(양파)의 요구가 제기됩니다."

그랬더니 영란 동무는 어이가 없다는 듯 한 손으로 입을 가리며 까르르 웃었다.

"표현이 틀렸습니다. 다음에는 '옥파가 필요합니다'라고 하시라요."
영란 동무는 애써 웃음을 참으며 친절히 일러주었다.
"영란 동무! 〈다시 만납시다〉라는 노래 알아요?"
"어머, 선생님이 어떻게 그 노래를 아세요?"
도리어 놀라서 눈망울을 반짝이며 물었다.
"텔레비전에서 많이 들어 귀에 익었어요."
그 노래는 전에 1차 하역 작업을 끝내고 회식자리에서 옥류관 부지배인이 불렀던 노래였고, 그 후에 텔레비전에서도 가끔 들을 수 있었다.
"식사시간만 아니면 가르쳐드리고 싶은데, 안됐습니다(아쉽습니다)."
말은 그렇게 해도 꼭 가르쳐주겠다는 눈치였다.
다음날 아침, 밥을 먹고 있는 내게 영란 동무가 다가왔다.
"선생님! 노래연습 하십니까?"
"가사부터 외우고 있어요."
"선생님은 성의가 없으시구만요. 식당 정리 후 배우러 오시라요."
마치 학생을 나무라는 선생님처럼 다소 위엄 있게 명령조로 말했다.
"알았습니다."
돌아서 걸어가는 나이 어린 동무의 뒷모습을 바라보며, 지극히 순수한 젊은이라는 생각이 들었다. 그렇다고 노래를 배우러 갈 수는 없는 일이었다.
식당 맞은편에는 작은 매대가 설치되어 있었다. 보급원 박 동무의 관할구역으로 그림, 기념품, 우표, 화보 등을 판매했고, 노동신문도 진열되어 있었다. 북한에서는 노동신문을 함부로 다룰 수 없는 중요한 것으로 여겼다. 간혹 매대에 노동신문이 흐트러져 있으면 청소하는 아주머니 동무가 깨끗이 접어 챙겨놓고는 했다. 그러고서는 "신문은 이렇게 두면 안 된다"며 열성을 보였다.

초대소 매점은 속 깊고 여유만만한 조 동무가 맡고 있었다. 한번은 담배를 사느라고 20달러를 줬더니, 지폐감별기로 검사해보고 위조지폐라며 바꿔 달라고 했다. 다시 50달러를 냈더니 마찬가지였다.

일반적으로 소액 지폐는 위조가 없는 것으로 알고 있는 나는 슬그머니 약이 올랐다. 돈이 위조인지, 감별기가 엉터리인지 알 수 없는 노릇이었다. 하는 수 없이 100달러짜리를 내밀었더니, 새 지폐라면서 감별기로 검사해보지도 않고 잔돈을 거슬러주었다. 어이가 없어서 나도 심통을 부려보았다.

"거스름돈도 감별기 검사 후 받겠습니다."

"그러십시오."

그러면서 하나하나 감별기에 집어넣는데 그냥 다 통과해버렸다. 약도 오르고 머쓱한 기분에 얼굴이 후끈 달아올랐다. 그때 조 동무의 표정은 얄밉도록 여유만만했다. 문제가 된 지폐는 별도로 모아 남한에서 확인해보기로 했다.

초대소 복지관 신축공사는 저녁 늦게까지 계속되고 있었다. 보름 후면 완공된다는 얘기를 두 번이나 들었는데, 지연되어 한 달 후 완공을 목표로 연장근무를 하고 있는 것이었다. 북한 사람들은 불도 밝히지 않은 상태에서 열심히 내부 미장작업을 하고 있었다.

밖에 두 사람이 종이로 모닥불을 피우고 있기에 나도 옆에 가서 쪼그리고 앉았다.

"수고하십니다. 추워서 불을 피우고 있습니까?"

"아닙니다. 어두워서 피우는 기야요."

그러면서 나에게 물었다.

"다 짓고 나면 케도 사람들이 많이 이용할 것 같시요?"

"겨울철에 한증탕은 인기가 많을 것 같습니다."

나는 가능성 있는 부분만 골라 간단히 대답했다. 서투른 조언이 잘못된 투자로 이어지면, 스타일 구기는 것은 차치하더라도 못 믿을 사람이 되고 싶지는 않았기 때문이었다.

그들도 남쪽을 상대로 처음 하는 외화벌이 사업이라 과연 성공을 거둘 수 있을지를 여러모로 저울질했을 것이다. 그러면서 틈만 나면 복지관 사업이 잘될지 그렇지 않을지를 우리에게 물었다. '사회주의 사고를 가진 사람들이 자본주의에 젖은 사람들을 상대로 장사를 시작하자니 얼마나 힘들까' 하는 생각에 나도 힘닿는 대로 돕고 싶었다. 장사란 전만 벌여놓는다고 되는 게 아니고 홍보도 하고 서비스에도 신경을 써야 할 텐데, 그들이 그렇게 할 수 있을까 하는 걱정이 앞섰다.

우리의 소원은 휴가

추석을 앞두고 첫 휴가자들이 서울로 출발했다. 저녁 무렵, 오른쪽에 핸들이 있는 중형버스는 휴가자들을 태우고 초대소를 떠났다. 그들은 마전휴양각에서 하루를 묵고 다음날 일찍 평양 순안공항으로 가서 북경행 고려항공을 탈 것이다. 가물가물 멀어져가는 버스를 바라보며, 고향으로 가는 그들을 얼마나 부러워했던지…….

당시 하루하루의 고단한 생활 속에서 '우리의 소원은 휴가'였다. 풀이 죽어 있기는 북한 안내원들도 마찬가지였다. 그들도 평양에서 멀리 떨어진 객지에서 두 달 동안이나 생활해오고 있었던 것이다. 휴가가 시작되자 고향 생각이 더 간절해졌.

추석을 앞두고 라디오에서는 영국 다이애나비의 사망 소식과 테레사 수녀의 서거 그리고 귀성객 소식으로 가득했다. 추석을 맞아 남한에서 보내온 과일 위문품도 근로자들에게 골고루 분배됐다. 포도는 오래돼서 알이 많이 떨어져나갔고, 사과는 썩기 시작했다. 포도는 냉동실에 넣고 얼려서 겨울까지 먹기로 했다.

초대소와 인접한 강상리에서도 추석을 앞두고 전에 보이지 않던 모습들이 눈에 띄었다. 채소단을 머리에 이고 가는 아녀자들과 손에 물건을 들고 다니는 사람들이 유난히 많이 보여 추석 분위기가 물씬 풍겼다.

추석 분위기에 흠뻑 빠져 있는데, 금호무역회사 조 과장으로부터 골재대금이 은행계좌에 입금되지 않았다며 지불독촉을 받았다. 본사에 확인해보았더니, 북측이 지정한 은행으로 송금하는 것이 처음이라 업무가 매끄럽게 진행되지 않고 있다고 했다. "추석 대목 전인데 돈을 못 주게 되어 미안하다"고 하고서, 추석이 지나서도 입금이 안 되어 있으면 현금이 지불되도록 협의해보겠다며 양해를 구했다.

다음날, 케도증(여권과 같음)에 입출국 스탬프를 찍어주는 이민국 담당자가 아침부터 나를 찾아다녔다며 만나자 마자 법석을 떨었다. 추석 쇠러 오전 열한 시에 함흥 가는 열차를 타야 하므로, 그저께 도착한 남측 근로자들의 입국허가 서류를 마무리 짓자고 성화였다. 추석명절 며칠 쉬는 동안 입국서류 때문에 문제가 생기면 골치 아프고 마음놓고 쉴 수 없다는 것이었다. 결국 그는 열한 시 함흥행 열차를 타고 무사히 집으로 갔다.

이민국 담당자인 그는 2주에 한번쯤 집에 가는 격주말 부부였다. "공사가 끝이 나려면 5년은 더 걸릴 텐데 집안식구들과 같이 이사와서 살면 고생이 덜하지 않겠습니까?" 하고 물었더니, 그는 이사문제로 아내와 상의한 결과 5년뿐이므로 주말부부가 되기로 결정했다고 말해주었다.

북한 텔레비전에서는 가을걷이 독려 방송이 대단했다. 프로그램마다

'가을걷이 전투에로'라는 구호를 내걸고 옥수수 수확하는 장면, 탈곡기 제작과 수리 장면을 방영했다. 완전한 사회주의 낙원을 만들 때까지 '항일무장혁명정신'으로 살아간다는 그들의 행위에는 항상 '전투'라는 수식어가 붙어 다녔다. '상업절'을 맞아 비단, 옷 등을 파는 남포상가 상업일꾼들의 모습도 비쳐주었다. 북한에서도 상업이라는 표현을 쓰지만 남한 같이 이윤을 추구한다는 의미는 아니었다.

9월 16일 추석, 아침 일찍 합동제례를 지냈다. 초대소 앞 컨테이너에 차례상을 차려놓고 여러 어르신 신위께 절을 했다. 오전에는 케도 인원들이 팀을 나누어 배구 시합을 했고, 오후에는 바닷가에 나가 수영을 했다. 물 속에 들어가 있으면 그다지 춥지 않아 견딜만 했으나 나오면 추웠다.

추석 풍경을 만끽하고 고향 떠난 설움을 달래기 위해 발전소 부지로 향했다. 지나가는 길에는 북한 사람들의 친척집 나들이와 새 옷으로 차려 입은 어린이들의 모습이 즐거워 보였다.

발전소 부지 내에 있는 어인봉에 올라 산과 바다와 하늘을 차례로 바라보았다. '아! 어쩌면 내가 이 깨끗한 산하를 바라보는 것 자체가 오염을 시키는 것인지도 모른다'는 생각이 들 만큼 아름다운 광경에 나도 모르게 눈을 감았다. 이 광경만큼은 오래도록 가슴 깊이 묻어두고 싶었다.

코발트색 하늘은 감은 눈으로
새털구름은 느낌으로
따가운 태양은 체온으로

맑은 공기는 호흡으로
쪽빛 바다는 소리로
하얀 모래는 기억으로
누런 들판은 내음으로
흐르는 산은 설렘으로
떨림 없는 소리는 침묵으로
매바마을과 오매농장은 그리움으로
그리고 북녘 동포들은 내 마음 한쪽 빈자리에

추석이 지나고, 금호무역회사 돌격대원들은 일요일도 없이 열심히 도로보수공사를 하고 있었다. 능력 있어 보이는 현장 부지배인이 새로 부임해왔고, 돌격대원들도 전과는 다르게 경계심을 늦추고 묻는 말에 대답도 잘했다.

새로 온 부지배인은 경력이 많은 건설일꾼이었다. 그는 평양 신시가지 건설 때 폭이 100m나 되는 통일거리를 완공일자에 맞추기 위해 밤낮없이 정열을 불태웠다는 얘기를 무용담처럼 들려주며, 공사가 늦춰지고 있어 걱정하고 있는 나를 안심시키려 했다. 그는 평토기 기사를 불러 세워, 닭공장 앞 구간은 경사가 심하므로 닭 공장에서 나오는 길과 잘 연결될 수 있도록 경사를 완만히 잡으라며 몸짓을 취해가며 지시했다.

작업구간이 강상리와 가까웠기 때문에 돌격대원들과 강상리 주민들이 뒤섞여 역 앞이 혼잡해지자 사회안전부 요원이 호루라기를 불어대며 질서를 유도했다. 내가 탄 케도 차량이 지나가자 총놀이를 하던 꼬마 녀석들이 일제히 나를 향해 "도케, 도케" 하고 소리를 질렀다. 깜짝 놀란 나는 꼬마들의 총을 피해 핸들 밑으로 고개를 숙였다가 살며시 올려다보았다. 꼬마들은 승리의 환호성을 지르며 양손을 치켜들고 깔깔대고 있었다.

발전소 부지에 있는 강냉이밭에서는 때이른 가을걷이가 시작됐다. 부지정리공사를 위해 대상사업국에 조기수확을 요청했기 때문이다. 농수로 가에 심었던 수수도 거둬들였다. 수확이 끝나자 우리는 산을 깎아내기 위해 불도저를 산 위로 올려보냈다. 새로운 문명 앞에서 산은 오랜 세월 간직해온 본래의 신비로움을 조금씩 벗어갔다.

논가 수로에서 한 촌로가 작은 그물을 치고 새끼 붕어와 미꾸라지를 잡고 있었다. 노인은 양팔을 무릎에 걸치고 앉아 무심한 표정으로 벗겨져나가는 산을 바라보고 있었다. 같이 간 안내원이 노인에게 다가가서 한참 뭐라고 얘기를 나눴다. 그리고 다시 와서는 차 뒤에 실린 양동이를 빌려 달라고 했다. 양동이를 내주면서 같이 따라가보았더니 노인은 큰 그릇 가득 잡은 고기를 다 내주는 것이었다. 족히 한나절은 잡았을 텐데, 선뜻 내주는 걸 보니 안내원에게 유별난 재주가 있나 싶었다. 안내원은 숙소에서 일하는 아주머니가 "집에서 닭을 키우는데 철분을 좀 먹여야겠다"며 얻어다 달라기에 얻어가는 것이라고 했다. 물고기를 얻어다주고 숙소 아주머니에게 점수를 딸 생각이었던 모양이다.

멀리서 뜨락또르(트랙터) 한 대가 뽀얗게 먼지를 날리며 달려오더니 강상리역 앞 상점 모퉁이를 돌아 마을 안으로 들어갔다. 하얀 포대자루가 가득 실린 것으로 보아 햅쌀이 실려오고 있음을 직감할 수 있었다. 조금 있으니 여기저기서 모여든 사람들이 모래시계 마냥 골목길로 빨려들어갔다. 쌀 배급이 있는 모양이었다.

강상리는 김정일 위원장의 당 총비서 취임 축하 분위기로 술렁거렸다. 주민들은 역 앞 길가를 따라 경축 간판을 세우고 있었다. 한쪽에서는 제작된 간판을 여러 명이 어깨에 떠메고 나르고 있었고, 다른 쪽에서는 간판을 우마차에 싣고 왔다. 간판들은 딱 눈 높이 정도 되게 설치되었고 붉은 글씨로 씌어진 게 대부분이었다. 김 위원장이 김일성종합대학을 졸업할 무렵에 쓴 시로 알려진 〈아! 조선아 너를 빛내리〉라는 문구도 있었고, '사상에서는 최강국' 등의 체제 선전구호가 많이 보였다.

저녁 무렵, 강상리에서는 특별한 행사가 열렸다. 맨 앞에 기수, 그 뒤에 북, 그 뒤에 합창대로 구성된 인민학교 학생들이 대오를 지어 행진해오고 있었고, 청색 교복을 입은 고등중학생 취주악대는 합주를 하면서 역 앞으로 모여들었다. 학생들이 도착해 주욱 늘어서자, 선전간판을 보거나 삼삼오오 담배를 피며 이야기를 나누던 마을 사람들이 역사 입구 둔덕으로 모여 앉았다. 자리가 정돈되자 앞자리에 있던 인민군 복장의 여군들이 나와서 구호를 선창하고, 고음으로 합창을 하기 시작했다. 교통안전원에게 물어보았더니 10월 10일 노동당 창건기념일 전까지 계속 행사가 이어진다고 했다. 여군들의 합창소리는 이동 선무차량에 달린 확성기를 타고 멀리까지 퍼져나갔다.

그 동안 남북근로자가 합심해 짓기 시작한 컨테이너 숙소가 완성단계에 접어들어, 10월 초쯤 이사를 갈 수 있을 것 같았다. 컨테이너 숙소는 초기공사 기간에만 사용할 것이었기 때문에 우리는 임시숙소라 불렀다. 임시숙소는 12m 길이의 컨테이너를 칸막이로 나누어 1인용, 2인용, 4인용으로 구분했고, 방마다 화장실과 샤워기가 있었으며 더운물을 쓸 수 있도록 보일러도 설치했다. 사무실 공간은 설비가 많이 필요치 않아 숙소보다는 며칠 일찍 사용할 수 있을 것 같았다.

숙소 부지 경계지역에 판 우물도 완성되었고, 근무자들의 건강을 생각해 성능 좋은 정수기도 설치됐다. 식당이 완성되면 북측 근로자들에게 중식도 제공할 수 있을 것이고, 남한 요리사가 만든 음식도 먹을 수 있게 된다. 더 좋은 것은 위성 안테나를 설치해 국내외 스무 개 이상 채널의 텔레비전 시청이 가능해지는 것이었다.

케도숙소 공사도 거의 마무리되고 해서, 저녁에는 부서별로 회식을 했다. 옥류관에서 냉면을 먹고 소주 한잔 하는 것이, 초대소에서 식사하는 것보다 경제적이었다. 초대소 식대가 한 끼에 15달러로 너무 비쌌기 때문이다. 옥류관에서 냉면을 먹고 소주를 마신 후, 동료 몇 명과 같이 바로 옆에 있는 단고기집으로 자리를 옮겼다. 북한에 와서 단고기집은 처음이었다. 단고기집 봉사원은 삼십대 초반의 인상이 좋아 보이는 여성이었다. 봉사원은 "단고기집이 생긴 지 얼마 되지 않아 현장 사람들이 잘 모르고 있는 것 같다"며 우리에게 선전을 좀 해 달라고 부탁했다. 모처럼 온 손님들이어서인지, 봉사원이 여러 가지 메뉴를 권하는 바람에 먹고도 남을 만큼의 단고기 요리가 식탁에 올랐다.

처음 먹어본 단고기는 가히 '요리'라고 불러도 좋을 정도로 맛이 있었다. 그 바람에 우리는 40도나 되는 '백두산 들쭉술'을 세 병이나 비웠다. 봉사원은 나중에 감자를 구워 와서는 껍질째 먹으라고 권하며 오이도 구워 먹으면 맛있다고 일러주었다.

⌒

금호무역회사가 조직을 개편해 금호무역회사와 명광무역회사 둘로 나뉘었다. 앞으로는 명광무역회사가 현장의 주요공사를 담당하게 될 것 같아 북측 담당자를 불러 업무협의를 가졌다. 발전소 부지의 산을 깎아내는 데 필요한 화약을 남한에서 가져온다는 것은 상당히 어려운 일이었다. 그래서 화약공급과 발파작업에 대해서는 북한의 전문회사에 맡겨 보려고 그들의 의향을 물어보았다. 그들은 자신있다며, 가까운 시일 안에 화약전문가와 함께 견적서를 가지고 오겠다며 적극적으로 나왔다. 앞으로 운영될 식당에 대해서도 채소류 등 신선도가 중요한 재료는 남한에서 가지고 오는 것보다 현지에서 공급받는 것이 좋을 것 같아 샘플과 견적을 제출해 달라고 했다.

그들은 유류 공급에 대해 큰 관심을 나타냈으며, 우리가 요청도 하지 않은 상태에서, "공급 시설을 갖추기 위해 이미 주유소 부지를 잡아 허가까지 받았다"고 말했다. 사실 앞으로 소요될 유류량은 엄청나게 많았다. 우리가 지난번 1항차 때 드럼통으로 운반해오는 것을 보고, 유류는 당연히 현지에서 공급받을 수밖에 없다는 사실을 간파한 모양이었다. 하지만 유류 문제는 조금 더 지켜보기로 했다.

숙소 부지에 깔기 위해 골재를 부탁했는데 입방미터당 10달러를 달라고 했다. 터무니없이 비싸다는 생각에 따져 물었다.

"남대천에서 생산중인 골재는 거리가 훨씬 먼데도 8달런데, 너무 비싸지 않습니까?"

내가 목소리를 높이자 담당자가 궁색하게 변명했다.

"골재를 퍼낼 하천 주변의 주민들이 보상을 요구해 단가에 포함시켰습니다."

"아니, 하천에서 골재를 퍼내면 하천 바닥이 낮아져서 홍수 피해도 없고, 더 좋은 일인데 보상이 필요하다는 이유를 모르겠습니다."

나는 그들의 주장을 반박하며 자재비로 4달러 이상은 곤란하다고 말했다.

"자재비 4달러에 시공비까지 합치면 얼마가 됩니까?"

담당자는 한참 계산기를 두들기더니 사장과 잠시 얘기를 나눈 후 12달러를 제시해왔다. 내가 생각한 것보다 4달러가 초과된 금액이었다.

"시공비까지 합쳐서 8달러 이상이라면 이 회의를 더 이상 할 필요가 없습니다. 보상문제 등을 재검토해서 다시 협의합시다."

그렇게 말하고 우리는 회의를 끝냈다. 여기서 그들이 말한 '보상'이란 돈이 아니라 공사나 시설 지원의 의미임을 지나고 나서야 알게 되었다.

그 동안 작업을 진행해오면서 처음으로 부실시공 문제가 발생했다. 문제가 발생한 현장은 현금호가 바다로 빠져나가는 여울목에 작은 교량을 설치하는 곳이었다. 회의를 끝낸 후 명광무역회사 사장과 현장으로 갔다. 교각에 콘크리트를 치면서 시멘트를 적게 넣었는지 강도시험에서 불합격 판정이 났다. 눈으로 봐도 부실해 보였다. 문제는 부실한 교각을 깨내는 일이었다.

명광무역회사의 현장 담당기술자는 규정대로 했다고 변명했지만, 사장은 달랐다. 그는 "강도시험 결과가 말해주는 것이므로 따라야 하며, 또 우리 나라에 세우는 교량인데 잘 지어야 한다"며 부실한 교각 한 개를 깨내기로 했다.

명광무역회사 사장과 나는 서호촌 입구 암거 공사장으로 자리를 옮겼다. 우리가 도착하자 돌격대원들은 서둘러 "강도를 맞추자"고 하며 비비고 있던 콘크리트 판에 시멘트를 더 쏟아 부었다. 우리 담당감독자는 "지켜봐야 규정대로 한다"며 투덜댔다. 작업하는 모습을 한참 지켜보고 돌아나오는데, 한 돌격대원이 큰소리로 노래를 불렀다.

"후대들아 아느냐! 오늘 이렇게 선열들이 땀흘리는 것은 미래를 위한 것임을……"

젊은 돌격대원의 낭랑한 노랫소리에 순간 가슴이 찡해왔다.

발전소 부지 맞은편에 있는 매바마을 앞산에서는 묘지 이장 작업을 하고 있었다. 산을 깎아내는 작업이 시작되자 발전소 부지 내에서 미처 이장을 못한 사람들이 서둘러 작업을 하는 모양이었다. 지나가는 나이 지긋한 사람에게 "오늘이 길일입니까?" 하고 물었더니, "조상 묘 이장하는데 좋은 날이겠지요" 하고 답했다.

노동신문 사건

9월 마지막날 오후, 새로 지은 사무실로 이삿짐을 옮기기 시작했다. 그 동안 초대소의 좁은 사무실에 정이 들었지만, 우리가 지은 사무실에서 새로운 기분으로 근무할 수 있다는 사실이 우리를 들뜨게 만들었다. 우리들은 가지고 있던 서류 중 필요 없는 것은 버리고 남은 짐을 챙겨 차에 옮겨 실었다. 평소 인사 외에는 말을 잘 하지 않던 청소원 아주머니들도 아쉬움이 남는지 "이사하십니까?" 하고 상냥하게 먼저 말을 걸어왔다.

새 사무실로 짐을 보내고, 나와 동료 한 명이 남아 지저분해진 사무실을 치웠다. 버려진 서류들 중에서 중요해 보이는 서류는 따로 모아 가져가기로 하고, 나머지 쓰레기는 사무실 한쪽 구석으로 모아두었다. 소각을 하자니 시간이 부족해 그냥 두고 나올 수밖에 없었다.

새 사무실 정돈을 끝내고 며칠 뒤 입주하게 될 숙소도 밤늦게까지 청소했다.

10월 1일, 새로 지은 컨테이너 사무실에서의 근무 첫날 아침이었다. 모두들 서류를 정리하느라 바쁘게 움직이고 있는데, 대상사업국 부국장이 초대소 매대 봉사원과 같이 들이닥쳤다. 심각한 상황이 발생했다고 말하는 표정을 보니, 예사롭지 않은 일임이 분명했다.

어제 우리가 떠나온 초대소 사무실 구석에 노동신문이 구겨진 채로 버려져 있는 것을 청소하는 아주머니가 발견했다는 것이었다. 특히 그 신문에는 좀처럼 실리지 않는 김정일 위원장의 사진과 근황이 게재되어 있었던 터라 문제가 더욱 심각해졌다.

그들은 노동신문을 훼손한 사람을 색출해 달라고 요청했다. 그러고서는 의심 가는 인물로 나와 또 다른 동료 한 사람을 지목하고 돌아갔다. 나는 무거워진 머리를 싸매고 천천히 기억을 더듬어보았다. 아무리 돌이켜봐도 노동신문을 본 기억은 없었다. 내 기억력이 모자랄까 하여 같이 뒷정리한 동료에게 물어보았으나 마찬가지였다. 어찌 된 영문인지 모를 일이었다. 나는 훼손한 사실이 없는 것으로 입장을 정리했다.

남측, 북측 대표자가 모여 대책회의를 가졌다. 대상사업국에서는 '통치자에 대한 모독'이라며 강력히 항의하면서 오전까지 훼손자를 색출할 것을 요구했고, 우리 측에서는 "남한에서는 신문을 읽고 난 후 폐기하는 것이 습관"이라고 입장을 밝혔다. 그날 이 문제로 몇 차례 더 회의가 있었다.

마침 화물을 실은 배가 본사 출장자들을 태우고 양화항에 도착했다. 화물은 많지 않아 쉽게 하역될 것 같았다. 본사 직원으로부터 집에서 보낸 편지와 전기담요도 건네받았다. 다가올 생일을 축하한다는 가족의 편지를 읽으며 위안을 받으려 했으나, 온종일 노동신문 사건으로 마음이 편치 못했다.

10월 2일, 노동신문 사건의 파장은 점점 심각하게 흘러갔다. 평양의 고위층에서도 이 사건을 알게 된 눈치였다. 우리 측 대표는 "근로자들을 재교육시켜 이 같은 일이 재발하지 않도록 노력하겠다"는 공식 입장을 북측에 전하고 케도 인원 전체를 모아놓고 주의를 당부했다. 케도 미국대표는 이 문제가 잘못되면 경수로 프로젝트에 큰 영향을 미칠 수 있다고 판단하고 뉴욕에 있는 케도 본부로 조심스럽게 보고했다.

오전 열한 시쯤, 사태의 심각성이 가시화되기 시작했다. 북측 화물차 한 대가 숙소 지역으로 들어섰고, 인솔자의 지시에 따라 북측 인부들이 하나둘 화물차에 타기 시작하더니 멀리 있던 인부들까지 뛰어와서 올라탄 후 그들은 훌훌 현장을 떠났다. 남측 근로자들의 현장 출입도 제한되었다. 북측 인부들이 떠나자, 곧 숙소 부지와 초대소 중간쯤에 사회안전부 요원이 배치되어 우리 차량의 통행을 제한했다. 점심시간이 되어 식당이 있는 초대소까지 이동하는 것은 허락되었으나, 점심식사 후 우리는 사무실과 현장으로 나가지 못하고 초대소에 있어야 하는 신세가 되었다.

양화항에서는 크레인으로 하역 작업을 하다가 철수한 상태였기 때문에 뽑아둔 크레인 붐이 바람에 꺾일까 걱정이 되었다. 대상사업국에서는 크레인 철수를 위해 협조해주었고, 본사에서 출장온 사람들도 출국할 수 있도록 화물선으로 돌려 보내주었다. 그들은 노동신문 훼손사건에 대해 우리를 강하게 죄면서도, 한편으로는 큰 문제가 생기지 않도록 배려하는 모습을 보였다.

대표자들의 대책회의는 밤늦게까지 계속되었다. 대상사업국에서는 거듭 노동신문 훼손자 색출을 요구했고, 우리 측에서는 시공단 책임자가 유감을 표시하는 선에서 문제를 끝내자고 하는 분위기 같았다. 마침 그날은 나의 음력생일이었다. 상황은 상황이고, 저녁에 동료들과 생일 축하주로 맥주 한 잔씩을 마셨다.

10월 3일, 몇몇 사람들이 평소처럼 새벽 조깅을 나서자 초대소에서 조금 떨어진 곳에 있던 사회안전부 요원이 돌아가라며 막아섰다. 조깅을 나섰던 사람들은 돌아왔지만 우리는 풀죽은 모습을 보이지 않기 위해 아침부터 현관 앞 마당에 나와 족구, 탁구를 했다.

양측에서는 내심 문제가 빨리 마무리되기를 바라는 눈치였다. "물론 쉽지는 않겠지만, 노동신문 관리에 대해 미리 주의하라고 통보하거나 안내문을 붙였어야 하지 않느냐"는 항변이 설득력을 얻고 있었다. 어쨌거나 나는 의심을 받고 있던 당사자로서 이 문제가 점점 비화되는 것이 걱정스러웠다. 연말이면 대통령 선거가 있을 터인데, 괜히 정치적인 이슈가 되어 경수로 공사와 남북관계에 영향을 미치지나 않을까 염려되었다.

10월 4일, 똑같은 얘기만 되풀이될 뿐 상황은 나아지지 않았다. "훼손자를 찾아서 어떻게 하려느냐"는 우리 측의 질문에 "인민들 앞에서 공개 사과시키고 강제 출국시키겠다"고 답했다. 나도 모르게 비죽 웃음이 났다. 사형이나 아오지 탄광을 생각하고 있었다면, 지나친 오해였을까.

그런데 아직 양화항 화물 하역 작업을 못해서 큰일이었다. 날씨가 좋지 않아 배가 위험할 수도 있으므로 하역 작업을 계속할 수 있도록 대상사업국에 제의하고, 오후부터 하역 팀을 조직해 양화로 출발했다. 하역 작업이 시작되자 비도 그치고 바람도 불지 않아 화물을 빨리 내릴 수 있었다.

10월 5일, 아침 일곱 시 국내 라디오 뉴스에서 "신포 경수로현장 근로자들이 노동신문 훼손사건으로 억류상태에 있다"는 보도가 나왔다. 어느 조간신문에서는 '구금'이라고 머릿기사를 썼다. 당장 집에서 "괜찮으냐"며 전화가 왔다. 나는 "사건이 거의 해결돼가고 있으니 걱정하지 말라"며 거꾸로 가족들을 안심시켜야 했다. 매시간 톱뉴스로 장식되던 현장 근로자 구금 소식은 시간이 지나면서 "출입은 통제하고 있으나 숙소 내에서 자유롭게 운동을 하며 지내고 있고, 내일은 정상작업이 이루어질 것"이라고 보도됐다.

하역 팀은 아침 일찍 양화항으로 출발했다. 작업이 매우 순조로워 오후 다섯 시에 하역을 마치고, 화물선은 저녁 무렵 남쪽으로 출항했다.

10월 6일, 작업이 재개되었다. 북측에서는 '훼손자 색출과 공개사과 하는 일은 남았지만'이라는 조건을 달고 작업을 재개할 수 있도록 통행제한을 해제했다.

모처럼 사무실에 앉아 하늘을 쳐다보니, 높고 파란 가을 하늘에 옅은 구름 몇 점이 한가로이 떠다니고 있었다. 지난 며칠 노동신문 사건으로 모진 가슴앓이를 한 탓인지 괜히 가슴이 벅차 오르고, 마치 세상에 다시 태어난 듯한 기분이었다.

모든 것이 제자리를 찾아들었다. 북측 근로자들도 정상출근을 하여 아무 일도 없었던 것처럼 다시 작업에 들어갔다. 그립고 반가운 얼굴들이었다. 식당은 3일 후부터 운영될 예정이었다.

대외봉사국에서는 노동신문 사건이 생기기 전에 요청했던 식품 샘플을 함흥에서 냉동차로 싣고 와 식탁에 늘어놓았다. 쌀, 향찹쌀, 고사리, 말린 산나물, 털게, 성게알, 고등어, 무, 배추, 감자, 대동강 소주, 연룡호 포도주 등 사람이 먹고 마실 수 있는 것은 거의 다 가져온 것 같았다. 우리가 연변에서 식품수입을 추진하고 있다는 소식을 들었는지, 그들은 "고향 냄새 나는 우리 식품이 제일"이라며 가져온 식품 자랑을 늘어놓으며 하나하나 소개했다. 무슨 일 있었냐는 듯 시침을 떼고 식품 소개만 열심히 하는 그들이 그렇게 얄미워 보일 수 없었다.

운전원으로 '공급'된 북한 운전원

새로운 숙소에서 첫밤을 보냈다. 보일러가 말을 듣지 않아 쌀쌀했지만, 북한 땅에 '우리 숙소' 그리고 '내 방'이 생겼다는 사실에 마음만큼은 푸근했다. 세상만물이 진정한 내 것이 아닌 '무소유'가 세상사의 진리일지라도, 그날만큼은 분명 '소유' 그 자체가 소중한 의미로 다가왔다.

노동신문 사건을 겪고난 뒤부터 북측 근로자들의 태도는 눈에 띄게 달라졌다. 작업 도중 사상이나 제도를 흠잡는 듯한 말이나 행동이 조금이라도 보이면 곧바로 따지고 들었다. 물론 지금까지 우리의 사소한 부주의로 마찰이 없었던 것은 아니었지만, 그 정도가 더욱 적극적이고 노골적이었다. 운전원으로 '공급'—북한에서는 '고용'이라는 말을 주인과 머슴의 관계로 이해해 싫어했다—된 북측 운전원에게 물차 운전 능력이 부족하다고 돌려보내자 "왜 내가 당신들에게 평가받아야 하느냐"며 불만을 표시했다. 그리고 작업배치 지시를 따르지 않는 사람도 있었다.

아침에 젊은 남측 현장기사가 북측 근로자 한 사람을 다른 곳으로 배치하자 "일을 못하겠다"며 돌아가버리는 일이 발생했다. 오후가 되자 돌아간 북측 근로자가 일을 하겠다며 다시 돌아왔다. 현장기사가 "자기 마음대로 왔다갔다하는 사람은 일을 시킬 수 없다"며 돌아가라고 하자, 북측 근로자는 그 동안 쌓인 불만을 토로하며 기사와 말다툼을 벌이더니 급기야는 멱살까지 잡고 나섰다. 주위에 있던 남측 근로자와 북측 근로자들이 나서서 말리자, 더욱 격해진 북측 근로자는 옆에 있던 삽을 들고 위협하는 사태까지 갔으나 동료들의 만류로 불상사는 없었다.

현장기사가 아침에 작업 설명을 하면서 자신에게 손가락질을 했다는 것이 발단이었다. 자신은 남측 근로자와 동등한 입장에서 협조해 일할 따름이지 일방적으로 지시를 받는 게 기분 나쁘다는 것이었다. 싸움 끝에 북측 근로자는 현장기사에게 "돈에 팔려온 놈이 무슨 말이 많으냐"고 내뱉었다. 돈을 위해 우리가 이곳에 왔다고 평가하는 것 같아 씁쓸했다.

일상적인 현장기사의 작업지시 방법이 문제가 된 것처럼, 현장기사는 일선에서 가장 많이 북측 근로자를 상대하게 되므로, 본의 아닌 부주의나 습관으로 인한 사소한 충돌은 앞으로도 피하기 어려울 것 같았다.

금호무역회사와의 회의에 재정담당 부사장이라는 사람과 발파작업 전문가라는 사람이 왔다. 둘 다 초면이었는데, 재정담당 부사장은 작고 마른 체격이라 한눈에 숫자를 다루는 사람임을 알 수 있었고, 쉰 살이 넘어 보이는 발파작업 전문가는 현장경험 살이 오른 사람이었다.

인사가 끝나자, 지난번에 요청했던 발전소 부지 발파작업에 대한 견적서와 제안서를 내밀었다. 견적서를 보니 내가 희망하고 있던 단가의 두 배가 넘었고, 제안서에는 초안폭약(초안을 원료로 한 화약으로 다이너마이트보다는 성능이 떨어지는 재래식 화약)을 사용하는 것으로 되어 있었다. 후회가 막심했다. 지난번 얘기가 나왔을 때 희망 금액을 슬며시 흘려, 우리가 원하는 단가를 미리 가늠하게 만들었어야 했는데 그렇지를 못했기 때문이었다. 경험에 비추어봤을 때 이렇게 한번 금액 차이가 많이 나면 일을 풀어나가기가 힘들어지게 된다.

그들은 가격협상의 여유 폭을 견적에 반영하지 않았을 것이고, 이미 정부기관의 확인을 거친 공문서로 가져왔기 때문에 실무자가 조정할 수 있는 운신의 폭도 좁을 것이었다. 가격을 비교해볼 만한 다른 경쟁 업체가 있거나 남한 같이 시장에 의해 가격이 형성될 수 있는 사회라면 걱정할 문제가 아니지만, 여기서는 상황이 달랐다.

재정담당 부사장은 시멘트 2차분이 열차로 다섯 빵통(화물열차의 한 량)이 실려와 강상리역에 도착해 있다고 했다. 다섯 빵통이면 300톤이다. 그는 화물열차가 오늘 돌아가야 한다며 급히 하역 작업을 요청해왔다. 마침 노동당 창건기념일(10월 10일)로 북측 근로자들이 쉬는 날이어서 금호무역회사에서 사람들을 동원해 하역 작업을 하면 하역비는 별도로 지불하겠다고 제안했다. 그들은 마을로 가서 이십여 명의 하역 인부를 조직했고, 밤 열한 시까지 하역 작업을 계속했다. 밤이 되자 하역 인부들이 지쳐 우리 측에서 지게차를 지원해주었고, 배가 고플 것 같아 간식을 주려하니 처음에는 거절하다가 나중에 음료수만 건네받았다.

오랫만에 양화항에 갔다. 가는 도중에 보니 도로보수공사 현장에서 교량 슬래브 작업을 하느라 돌격대원 오십여 명이 달라붙어 몹시 바쁘게 움직이고 있었다. 판재로 거푸집을 설치해 틈이 많아 보였고, 철판을 쐐기 형태로 잘라 못으로 사용하고 있었다. '여건을 감안해 우리식 공법으로 시공하고 있구나'라고 생각하며 가던 길을 재촉했다. 양화부두에는 바람이 세게 불어 물보라가 밀려드는 바람에 화물 정리작업을 계속할 수 없는 상황이었다.

양화항 매점에 가서 〈계월향〉이라 이름 붙여진 미녀도 한 점을 20달러를 주고 샀다. 정리중인 방을 꾸며보기 위해서였다. 판매봉사원에게 "지난번 기공식 때 남쪽 텔레비전에 봉사원 얼굴이 나온 것을 보고, 남쪽 사람들이 대단한 미인으로 평했습니다"라고 얘기해주었더니 얼굴이 상기되면서 좋아했다. 조금 있으니 검은 안경을 낀 젊은 남자가 들어와 누구를 찾는 듯 두리번거리다가 판매봉사원과 반갑게 악수를 했다. 젊은 남자는 잡은 손을 끌어당겨 입맞춤까지 했다. 뒤로 밀려난 나는 무안해서 시선을 돌리다가 다른 판매봉사원과 눈이 마주쳤다. 그녀는 질투 섞인 눈빛을 미처 풀지도 못한 채 내 눈을 피해 판매장부로 눈을 돌렸다.

북측 근로자들은 10월 10일 노동당 창건기념일을 맞아 9일부터 쉬었다. 북한 사람들의 휴무 관습을 몰라 갑자기 이틀을 쉰다고 하는 바람에 현장에서는 작업 일정을 조정하느라 애를 먹었다.

예정대로 케도 식당이 문을 열었다. 남자 조리사 세 명이 남한에서 왔다. 처음 여는 식당이라 테스트도 해볼 겸 북측 근로자들이 쉬는 날을 틈타 시식을 했다. 오래 전부터 대상사업국에 설거지를 할 보조요원으로 여성 근로자 여섯 명을 보내 달라고 요청했었는데 그날까지도 대답이 없었다. 대상사업국에서는 "마을 여인네들이 식모 짓이라며 지원하지 않는다"고 변명을 했다. 할 수 없이 직원들이 돌아가며 배식과 설거지를 도왔다. 강상리 초대소보다 반찬은 적었지만, 입맛에 맞았는지 케도 인원 모두는 만족스러운 표정이었다.

명절 휴일을 맞아 옥류관 앞에서는 옥류관 근무자들이 어울려 야회(野會)를 열고 있었고, 옆 건물에 모여 사는 기업소 가족들은 단체놀이를 하고 있었다. 그들은 우리가 옆에 서서 구경을 하고 있는데도 별로 개의치 않는 눈치였다.

옥류관 여성봉사원들은 오히려 흥을 더 돋우고 있었고, 기업소 가족들은 두 팀으로 나뉘어 릴레이 경기를 하고 있었다. 릴레이 경기는 30m 전방쯤에 드럼통 두 개를 세워놓고 막대기를 들고 뛰어가 드럼통을 두드리고 돌아오는 경기였다. 경기를 예사롭게 보고 있던 나는 드럼통에 붙어 있는 하얀 종이를 발견하고 깜짝 놀랐다. 드럼통에는 '미국×'라고 쒸어 있었다. 마침 한 남자가 막대기를 전달받고 드럼통을 향해 달려가고 있었다. 그 남자는 우리를 의식해서인지 드럼통을 세게 내려치지 못하고 툭 한번 건드리고 돌아왔다. 반대쪽 드럼통에 쒸어 있는 글씨가 궁금해 보려 했으나 종이가 바람에 펄럭이는 바람에 제대로 볼 수 없었다. 북한 사람들은 그러한 집단놀이를 통해 미국에 대한 적개심을 불러일으키고 있었던 것이다.

한국전쟁에서 미국은 당시 평양 인구수보다 많은 사십만 개 이상의 폭탄을 투하해 평양시 전체를 잿더미로 만들었다 하니, 한편으로는 미국에 대한 북한 사람들의 적개심이 이해가 되었다.

강상리 초대소에서도 식당 봉사원, 매점 봉사원, 안내원, 청소하는 아주머니, 복지관 건설대원들이 앞마당에 모여 야회를 열었다. 현관 앞마당에는 대형카세트에서 노래가 흘러나오고 있었고, 노래에 맞춰 젊은 여성들이 땀을 흘리며 춤을 추고 있었다.

한창 흥이 돋는가 싶었는데, 우리에게 귀염을 많이 받았던 옥진 동무가 땀이 송송 맺힌 얼굴로 카세트를 틀고 있는 남자에게 달려가 불평을 했다. 음악이 맞지 않아 춤을 못 추겠다는 것이었다. 옥진 동무는 〈우리 장군님 제일이야〉를 틀어 달라며 두 번씩이나 간절히 요청했다.

그 표정이 가식이 아님을 보고, 나는 또 한번 놀라지 않을 수 없었다. '야회가 열리는 춤판에서조차 특정한 노래여야만 흥을 낼 수 있다는 말인가?'

춤판이 끝나자 그들은 줄다리기 경기를 했다. 줄다리기에서는 단체로 호흡을 잘 맞추는 것이 중요하다며 훈수를 하고 돌아나오는데, 청소하는 아주머니가 나를 불렀다.

"선생님! 숙소 욕실에 있던 바가지는 어떻게 하셨습니까?"

"이사하면서 모르고 가져갔습니다."

그랬더니, 숙소 비품이라며 반납해 달라고 했다.

솔밭 아래서는 무심한 표정의 여인들이 아들과 같이 솔잎을 긁어모

으고 있었다. 다가올 겨울에 땔감으로 쓸 모양이었다. 한 여인네는 아침 일찍 시작했는지 벌써 한 수레 그득 싣고 집으로 가고 있었다.

가을걷이에 아주 중요한 시기인데도 가을걷이하는 사람은 아무도 보이지 않았다. 이미 수확을 끝낸 논에서는 할머니가 이삭을 줍고 있었다. 어릴 적, 가을걷이가 끝나면 자루를 들고 논에 나가 이삭을 한 자루씩 주워 오시던 할머니 생각이 났다.

선생은 컴퓨터 앞에서 돈 계산만 하니, 건강에 해롭지

발전소 부지 안에 있는 농작물의 가을걷이가 시작되었다. 협동농장의 여인네들이 낫을 들고 와서 여기저기서 벼를 거두어 논두렁에 펼쳐 놓았다. 부지 측량 중이던 우리 근로자가 "통행이 불편하니 논두렁에 펼쳐진 벼를 옮겨 달라"고 하자, 여인네는 "덜 익은 벼를 빨리 베어내라고 하더니, 이제는 급하게 길까지 치워 달라고 하느냐"며 걸쩍지근하게 투정을 부렸다.

사실, 농민들은 조기수확을 하는 바람에 수확량이 10~20% 줄어드는 것을 감수해야 했고, 대상사업국에서도 이 부분을 농민들에게 설득하느라 고생했다고 한다. 왜냐하면 농민들은 1995년부터 확대 시행된 '분조관리제'에 따라 생산량의 일정량은 국가에 내고, 잉여량은 자유롭게 처리할 수 있었다. 잉여량은 분조의 다음해 농사에 필요한 일정량의 비축분을 제하고 나머지는 다시 분조원들에게 분배되기 때문에 수확량의 감소는 곧바로 배당량의 감소로 직결되어 반발이 심할 수밖에 없었다. 또한 발전소 부지에 편입된 농토에 대한 보상으로 어딘가에 대토(代土)를 마련해줘야 했을 테고, 여유 농지가 없는 상황이라고 보면 이러한 부분이 바로 북한의 관리들이 겪는 고충이었을 것이다. 남한에서처럼 돈으로 보상한다고 해서 해결될 문제는 아닌 것 같았다.

어쨌거나 수확의 기쁨은 큰 모양이다. 가을걷이를 하는 그들의 얼굴 표정은 밝고 건강해 보였으며, 추수하는 남한의 여인네들 모습처럼 후덕해 보였다. 내가 이곳에 올 때만 해도 들판에 푸른 모를 심고 있었는데, 벌써 그것을 수확할 철이 되었다니……. 뿌린 만큼 거두게 되고, 여름날 흘린 땀은 가을날 거두는 기쁨으로 돌아오니 농민들에게는 결코 흐르는 시간이 아쉽지가 않았을 것이다.

회상에 젖어 있는 나에게 북측 근로자 책임자인 윤 과장이 옆구리를 쿡 찌르며 말을 걸었다.

"선생은 매일 사무실에만 앉아 컴퓨터로 돈 계산만 하니, 건강에 해롭지……. 건강을 잃어 좋은 친구 못 보게 될까봐 걱정돼."

나지막한 음성으로 윤 과장이 우정어린 충고를 했다.

맞다, 그래서 머리도 아프다. 돈 계산도 하고, 서로가 하나 될 수 있는 방법도 계산하고, 서로가 나눠 가질 게 뭔가도 찾아내야 하지 않겠는가.

새벽녘, 남측 근로자 한 명이 조깅 도중 심장마비로 쓰러졌다. 우리들은 비보를 전해듣고 모두 침통해했다. 고인은 한창 일할 나이에 가족들을 멀리 두고 상상도 하지 못한 곳에서 세상을 떠났으며, 평소 과묵하고 모든 일에 솔선수범해온 사람이었기에 주위 동료들의 슬픔은 더욱 컸다. 우리는 처음 당하는 일이라 몹시 당황했지만 정신을 추스리고 유족에게 연락을 취했다.

케도 대표와 대상사업국에서는 대책회의를 가졌다. 회의 후 곧바로 북한 의사가 와서 심장마비로 인한 사망임을 확인했다. 알루미늄관은 구하기 힘들다고 해서 목관이라도 만들 수 있도록 판재를 요청했더니 북측에서는 성의 있게 제재소에서 나무를 켜고 대패질을 해서 다음날 가져왔다.

저녁에는 마침 인근지역 포도 가공장에 새로 들여온 냉동 컨테이너가 있어서 빌리러 갔다. 우리가 크레인과 트레일러를 가지고 안내원과 같이 공장에 들어서자 지배인이 나와서는 "얼마나 슬픔이 크시겠습니까" 하고 정중하게 인사하며 적극적으로 도와주었다. "운구는 판문점을 통해 곧바로 나갈 수 있도록 해 달라"고 요청하기는 했으나 판문점은 정치적인 장소이기 때문에 어려움이 많이 따를 것으로 예상되었다.

빈소에는 북측 근로자 책임자가 어디에선가 들국화를 꺾어 와서 제단에 올렸다. 갈색 인민복에 조금 굵은 체격인 그가 노란 들국화를 양손에 모아들고 우리 앞에 나타나자, 모두들 감격해서 그의 두 손을 꼭 잡았다. 그날 케도 인원 모두는 돌아가며 밤이 새도록 빈소를 지켰다.

다음날, 북측으로부터 판문점을 통해 나갈 수 있다는 통보를 받았다. 여러 경로를 통해 인도주의적 차원에서 이 일이 성사되도록 요청했고, 대상사업국에서도 이번 일은 꼭 도와주어야 한다며 중앙에 강력히 요청한 결과였다고 한다.

발인 날 새벽, 영결식이 있기 전 북측 인사들의 조문이 있었다. 조문에는 대상사업국 책임자급의 사람들이 정장 차림으로 모두 참석했으며, 이들은 분향 후 선 자세로 묵도만 했다. 새벽 세 시에 영결식이 있었다. 케도 사무총장의 애도 서한과 추모사가 낭독되고 난 후, 전직원이 도열해 애도하는 가운데 북한 구급차를 이용해 판문점을 통한 귀국길에 올랐다. 그날 케도 인원 모두는 고인의 명복을 빌며 조용히 하루를 보냈다.

다음날 오전에 금호무역회사와 도로보수공사 공사기간 연장건으로 회의를 가졌다. 공사가 계약보다 약 이십 일이 늦어지겠다며 상의를 하러 온 것이었다. 공사기간 중에 중요한 행사도 몇 차례 있었고, 악천후와 금호 측에서 장비 투입이 지연되는 등의 사유가 있었으나, 비가 와서 공사를 못한 6일간만 공사기간을 연장해주겠다고 했다. 준공이 급한 것은 아니었지만 이것도 국제적인 계약행위이므로 선을 확실히 그을 필요가 있었기 때문이다.

그들은 알았다고는 말했지만 영 자신이 없는 눈치를 보이길래 다시 한번 짚었다. "금호무역회사와 첫번째로 계약된 공사가 약속이 지켜지지 않으면 좋지 못한 인상을 남기게 되고, 향후 금호와의 추가계약도 명분이 서지 않아 어렵게 된다"며 제시된 날짜까지는 무슨 일이 있어도 끝내줄 것을 강조했다. 그들은 내 얘기에 수긍하며 "기일 내 끝내도록 인력을 조직하겠다"고 약속한 후, 공사기간 연장 요청공문을 합의된 날로 변경하여 제출했다.

북측 근로자들이 많이 늘어 도합 77명이 되었다. 이 중에 굴착기 기사가 일곱 명 있었는데 기능이 모자라 애를 먹었다. 특히 유압장치 조작이 서툴러 교육을 시키자면 시간이 많이 필요할 것 같았고, 어느 정도 장비의 손상도 예상해야 했다. 도로보수공사의 돌격대원들 중에는 기능이 나아 보이는 운전원도 있었는데, 그러한 사람을 보내지 않는 이유가 무엇인지를 생각해보았다.

그 이유도 역시 '조직'이라는 개념에서 찾아야 할 것 같았다. 발전소 건설 조직이 따로 구성되어 그 구성원 가운데서 운전원으로도 내보내고 인부로도 내보내는 것이다. 기능이 낮더라도 교육을 받으면 점차 적응해나갈 수 있으리라는 계산인 것 같았다. 기능이 있는 사람도 개인적인 취업은 불가능하니 우리로서는 남의 집 안마당 훔시 보듯, 마음대로 사람을 선택할 수 없음이 답답할 뿐이었다.

북측 근로자들 중 일부는 며칠째 테니스장 공사에 투입되고 있었다. 북측 근로자 중에 한 명을 뽑아 조장으로 내세우고 자기들끼리 일을 진행해보도록 맡겨두었다. 황토를 채로 쳐서 바닥에 깔고 측량기로 높낮이를 측정해서 고르고 다지면서 하루하루 계획량을 달성해나갔다. 밤에는 다짐 장비가 밤이슬에 젖으면 상한다며 간이 창고를 만들어 보관했고, 빈 화물상자를 해체해서 비를 피할 수 있는 집도 만들고, 앉아 쉴 수 있는 의자도 만들어두었다. 간단한 일이어서인지는 모르겠지만, 북측 근로자들끼리만 묶어 작업을 시키니 자기들끼리 뭔가를 이루려고 하는 의지가 엿보여서 우리 내부에서도 평가가 좋았다.

식당에 여자 보조원이 없어 애를 먹고 있는 것이 보기가 딱했던지 대상사업국에서 여자 인부 여섯 명을 식당보조원으로 '모시고' 왔다. 우리들이 식당사역에서 해방되는 날이었다. 기쁨은 세 배였다. 사역으로부터의 해방과 경수로 사업에 종사하는 같은 식구로서 여성이 합류하게 되었다는 점과 역시 밥은 여자 손맛이 가야 촉촉해지기 때문이었다.

북한에서는 직장에서의 동료를 '동지'라고 부른다. 삼사십대 전후로 보이는 여성동지들은 첫날 하루 종일 굳은 표정이었다. 하루 이틀이 지나자 여성동지들의 굳었던 표정이 누그러들었다. 식사준비가 끝나면 반찬도 배식해주고 국도 퍼주었다. 식사 후 식판을 반납하며 "잘 먹었습니다" 하고 인사하면 "맛있게 드셨습니까?" 하고 화답해주었다. 어느새 남쪽 주방장이 약간의 친절교육도 시킨 모양이었다. 여자들이 주방에서 일을 하게 되니 남쪽 근로자들이 호기심에 쓸데없이 주방을 기웃거리는 일은 많아졌지만, 불평이 줄고 분위기는 좋아졌다는 것이 주방장의 평가였다.

여성동지들은 우리들이 식사를 끝내고 나면 간단히 식당을 정리한 후 주방요원들과 같이 모여 식사를 했다. 여성 동지들은 "밥과 반찬이 맛있다"며 잘 먹었고, 식당 일이 고된지 먹는 양도 적지 않았다. 늦은 점심을 들면서 나이가 들어 보이는 한 여성동지가 총각 조리사에게 "뭔가 부실해서 장가를 들지 못하고 있는 것 아니냐"면서 농담을 던지고는 집었던 삼겹살을 상추 위에 받쳐들었다.

식자재를 공급하겠다던 북측 담당자가 지난번엔 안 보이던 샘플 몇 가지와 견적서를 들고 찾아왔다. 톤당으로는 무 430달러, 배추 280달려, 홍고추 4,600달러, 부루(상추) 1,120달러, 쑥갓 840달러, 무 시래기

180달러, 꽈리고추 3,220달러, 감자 560달러, 귤 1,200달러, 바나나 2,000달러, 파인애플 2,000달러, 콩나물 490달러, 콩비지 700달러, 두부 한 모 0.35달러, 잡기 전 개고기 4.53달러, 게사니(거위) 3.22달러, 염소 7.36달러, 돼지 2.8달러, 토종닭 2달러였다.

 나는 특히 두부에 욕심이 생겨 가로세로 크기가 어떻고, 두께가 어떻고 하며 한참 주방장과 셈을 놓아보았다. 북측 담당자는 우리에게 식자재를 공급하기 위해 금호지구 내의 기존 농장시설을 보완하겠다며 대단한 의욕을 보였다. 그 후로 주방장과 북측 담당자는 몇 차례 더 가격 협상을 벌였으나 남한 가격보다 유리할 것이 없다는 판단으로 결렬되고 말았다.

 식당이 정상적으로 돌아가자 북측 인부들에게도 중식을 제공하기 시작했다. 컨테이너 열한 동을 연결해서 지은 식당은 가운데 주방을 두고 홀이 양쪽으로 나뉘어 있어 한쪽 홀은 우리가, 반대쪽 홀은 북측 근로자들이 사용했다. 밥은 여성동지들이 배식을 해주었고, 모자라는 사람은 더 떠서 먹을 수 있도록 따로 비치해두었으나 처음이어서인지 더 먹는 사람은 없었다. 후식으로는 우유가 한 개씩 주어졌다. 북한과의 인력공급계약에 중식을 제공하기로 되어 있었기 때문에 북측 근로자들은 부담 없이 식사를 할 수 있었으며, 식사 후 맛이 있었다는 평이었다.

 북측 근로자들에게 작업복이 지급되었다. 시공단의 마크가 붙은 열은 청색 상하작업복에 노란색 안전모와 안전화를 지급하고, 다음날부터는 지급된 작업복장으로 출근해 달라고 요청했다. 작업복장 역시 인력공급계약에 명시된 사항이었다.

　며칠 뒤 확인해보니 북측 근로자 중 두 명이 지급된 작업복에 붙은 시공단 마크를 떼어낸 채로 출근했다. 떼어낸 사유를 들어보니, 한 사람은 자기 집사람이 "영어로 쓰인 마크가 붙은 작업복은 빨아줄 수 없다"며 본인도 모르는 사이에 떼어내버리고 빨래해주었다는 것이고, 또 한 사람은 "아빠가 이상한 곳에서 일한다"고 학교에서 놀림받은 애가 몰래 떼어냈다고 했다. 본인이 떼어낸 것은 아니었다. 북한 정부에서 경수로 공사를 위해 북측 근로자가 우리와 같이 일을 하도록 결정한 사항이었지만, 북측 근로자들도 각자가 가정에서 넘어야 할 작은 이념의 벽이 도사리고 있었던 것이다.

　사정은 이해가 되었지만 그대로 두면 현장 질서에 문제가 될 것 같았다. 마크를 떼면 현장 출입을 못한다고 하니까, 북측 인부들은 다시 달 수 있도록 새로 마크를 달라고 했다. 그 뒤로는 마크를 떼어내는 일은 없었다.

　라디오 뉴스에서 비무장지대에 있는 대성동 마을 주민 두 명이 북한 군인들에게 붙들려 억류되어 있다고 전해졌다. 상황이 좋지 않은 것 같아 저녁에는 야간작업을 중지하고 숙소에서 쉬도록 했다. 요사이 일어난 일련의 사건으로 인해, 조그만 돌발 상황에도 우리는 상당히 예민하게 반응했다. 다행히 다음날 아침 뉴스에서는 억류되었던 대성동 주민 두 명을 북한 측에서 풀어주기로 했다는 발표가 있었다.

서울로의 휴가

때가 되어 휴가 준비를 했다. 옥류관 옆에 있는 옥류민예사 매점에 들러 막내아들 인물화를 찾았다. 며칠 전 보관하고 있던 반명함판 크기의 사진을 보여주고 그려 달라고 한 것이었다. 화가는 "사진이 너무 작아 그리기가 매우 힘들었다"는 말을 덧붙이면서 완성된 그림을 내놓았다. 화가 말로는 자기가 처음으로 그린 남한 사람 인물화라는데, 그림은 A4 용지 크기의 유화였고 가격은 50달러였다.

옥류민예사에는 화가 두 명이 상주해서 그림을 그려주었다. 화가는 전시해놓은 일고여덟 명의 화가 자격증을 보여주며, 그들도 나중에 이곳으로 온다고 말하는 것으로 보아 교대로 방문하는 모양이었다. 자격증에는 1급, 2급 등 급수가 표시되어 있었으며, 화가 자격증을 가진 사람 중에는 교수도 있었다.

옥류민예사에서는 그림은 물론이고 술, 담배, 통조림, 문구류 등 선물이 될 만한 온갖 물건들을 구비해놓고 팔았다. 돈을 지불하고 나오려는데 화가가 난처한 표정으로 얘기를 꺼냈다. 사진을 맡기던 날 내가 산 조그만 계란형 옥돌은, 그날 자기가 "잠결에 한 개 5달러 짜리를 0.5달러로 잘못 알고 팔았다"고 하고서는, 얘기를 안 하려다 한다며 대신 다른 물건을 좀 사 달라고 부탁했다. 나는 절충안으로 "파는 사람의 잘못도 있고 하니 반씩 부담하자"고 제의했더니 화가도 만족해했다. 나는 한 개 2.5달러로 계산해 차액을 지불했다. 그래도 미안하여 산수화가 그려진 부채 두 개를 사들고 나왔다.

밤이면 추위가 몰려드는 10월 말, 저녁식사 후 휴가자와 설계회사 출장자들이 북한 버스에 올랐다. 시공사 직원들 거의 전원이 배웅을 나왔다. 배웅 나온 사람들은 부러움과 함께 자신들도 곧 가게 되리라는 희망으로 모두들 들떠 있었다.

어둠이 완전히 깔리기 전 버스는 초대소 정문을 빠져나와 휴가 길을 재촉했다. 몇 사람이 총총걸음으로 집을 찾아가고 있는 강상리를 벗어나자 주위는 금세 캄캄해졌다. 불빛이라고는 전혀 없는 시골길을 따라 양화로 접어드니 길가 3층 살림집에서 30촉 밝기의 불빛이 드문드문 새어나왔다.

양화 이후부터는 초행길인데다가 달빛조차 숨어버린 밤이라 주위를 전혀 가늠할 수가 없었다. 간혹 버스의 불빛에 잡히는 짧은 영상으로 호기심을 달래야 했다. 우마차에 나뭇짐을 싣고 가는 사람, 철길 건널목에 서서 버스가 지나가기를 기다리는 사람들, 군복을 입고 작은 손수레를 끌고 가는 군인, 어둠 속에서도 용케 자전거를 타고 가는 사람도 있었다.

이십여 분이 지났을까. 바다 위 배 한 척에서 희미한 불빛이 내비친 다 싶더니 이내 포장도로가 나타났다. 신포였다. 밝기도 조금 밝아졌거니와 도시라고 느껴져서인지 차 안으로 사람들의 숨소리와 살림살이 소리가 밀려오는 것 같았다. 조금 떨어져 공원처럼 보이는 언덕에서는 김일성 주석의 동상이 조명을 받아 구릿빛으로 서 있었다.

신포를 빠져나와 다시 시작된 비포장길을 한참 가니 홍원이라는 곳이 나왔고, 또 더가니 낙원이라는 지명의 표지판이 나왔다. 두 시간 정도 빨래판처럼 튀는 길을 달려온 후 우리는 차를 세우고 휴식을 겸해서 용무를 봤다. 시간상으로 봐서 강상리와 함흥 중간쯤 되는 위치였다. 내려서 보니 길은 비포장이었지만 폭은 꽤나 넓었다. 가로수는 아직 굵지 않았고, 길옆으로는 논이 넓게 펼쳐져 있었다. 괜히 담배를 물지 않을 수 없었다. 하늘도 한번 쳐다보고, 발로 흙을 모았다 부수뜨리기도 하고, 돌도 하나 주워서 주머니에 넣다가 뺐다.

다시 두 시간 가까이 밤길을 달려 함흥 시내로 접어들었다. 길가에 늘어선 5층짜리 아파트에서는 백열등 불빛이 새어나오고 있었으나 가로등이 없는 도로까지 비추기에는 밝기가 턱없이 약했다. 북한에서 평양 다음으로 큰 도시이기에 그래도 전력 사정이 시골보다는 나은 모양이었다. 밤 열 시, 늦은 시간이어서인지 전기버스는 다니지 않았다. 그러나 교통요원의 손전등 신호를 받아 우리가 탄 버스가 우회전을 하면서 불빛으로 도로를 잠깐 훑는 사이 생각보다는 많은 사람들이 걸어다니는 모습이 보였다. 길가 모퉁이에는 한 평도 안 되는 가판대에서 한 남자가 희미한 불빛 아래서 물건을 고르는 듯한 모습도 보였다.

밤 열한 시쯤 마전휴양각에 도착했다. 우리가 하룻밤 묵어갈 곳이었다. 마전은 함흥시의 바닷가에 있는 명승지로 함흥 '송도원'이라 불릴 정도로 경치가 좋은 곳이다. 넓은 반달 모양의 모래사장과 송림 사이에 2층 빌라 형태의 건물들이 들어서 있는데 이곳이 1984년에 개관된 마전휴양각이다.

별채로 지어진 숙소에 각자 방을 배정 받고, 우리는 밤 시간을 놓치지 않으려고 본관 1층 중앙홀에 다시 모였다. 1층에는 접수대, 그림 파는 곳, 생활용품 파는 곳, 술을 파는 바가 있었고, 2층에는 식당, 당구장, 서점이 있었다. 우리는 1층 바에 둘러앉아 불고기 2kg과 들쭉술 한 병을 시켰다.

불고기는 전기곤로 석쇠 위에서 봉사원의 젓가락 놀림에 따라 익혀져서 접시에 담겨 나왔다. 1970년대 탤런트 한혜숙 씨의 이미지가 연상되는 예쁜 봉사원은 고참 티가 났다. 우리가 던지는 농담과 물음을 누이 같은 마음 씀씀이로 잘 받아넘겼다. 굽고 나르는 일을 보조하느라고 어린 봉사원이 옆에 있었는데, 철없이 어른들이 하는 얘기에 끼어들다가 언니 봉사원의 눈총을 받기도 했다. 우리에게는 상냥한 미소로 그리고 어린 봉사원에게는 눈총으로 대하던 고운 얼굴의 봉사원에게 우리는 고맙다는 인사말을 전하고 숙소로 돌아왔다.

새벽에 잠에서 깨어 짐을 챙겨들고 먼동을 따라 비행장으로 향했다. 함흥 백리벌은 성천강 물살에 밀려 온천지가 젖었는지 하얀 수증기를 내뿜고 있었다. 시간이 일러서인지 동터오는 새벽을 맞이하는 사람은 보이지 않았다. 우리는 초대받지 않은 이방인의 기분으로 길을 재촉하여 비행장에 닿았다. 출국 수속과 엑스레이 투시기를 통과한 다음 대기실에서 탑승 시간을 기다렸다. 대기실은 처음 이곳에 와보았을 때와는 달리 바닥에 카펫도 깔려 있고, 벽은 대형 그림으로 치장되어 있었다. 케도 인원이 자주 이용하게 되자 내부를 많이 개선해놓은 것이었다.

잠시 기다리는 동안 비행기 요금이 정산되었다. 소속이 다른 사람이 있어 요금을 한꺼번에 지불하지 못하고, 여기저기서 돈을 걷는 상황이 벌어지자 공항 여성동무가 불평 섞인 목소리로 한마디 했다. "계산이 왜 그렇게 복잡한지 모르겠습니다." 자본주의 사회의 개인주의를 이해하지 못하고서 하는 소리였다.

AN24 전세 비행기는 가녀린 프로펠러를 푸덕이기 시작하더니 이내 힘을 얻어 맑은 북녘의 하늘로 떠올랐다. 검푸른 동해바다가 함흥평야를 농락하는 듯했다. 평야는 밀려드는 파도에 대항하여 해송으로 진을 치고는 있지만, 파도의 기세는 결코 만만치 않아 보였다. 비행기가 남서쪽으로 기수를 돌리자 백두대간 낭림산맥이 굵은 팔뚝을 뻗쳐 가로막고 서 있었다. 동해바다의 지칠 줄 모르는 기세와 낭림산맥의 드높은 정기가 모여 펼쳐진 땅, 함흥평야! 여기가 바로 그 옛날 태조 이성계가 왕업을 꿈꾸며 활을 쏘던 땅이었다.

맑은 하늘은 우리들에게 북녘 산천을 내려다볼 수 있는 흔치 않은 기회를 선물했다. 깊은 산골짜기마다 가지런한 가옥들이 옹기종기 따사로운 햇살을 받고 있었다. 마을이 있으면 그 앞엔 반드시 논과 밭이 있었다. 논과 밭이 크면 마을의 규모도 컸다. 골짜기마다 계곡을 이루고 그 계곡은 강으로 이어졌다. 지금은 이름을 모르는 강과 산이지만 통일의 그날이 오면 이름과 함께 시원한 물맛도 볼 수 있으리라는 상상의 나래를 펼쳐보았다.

비행기의 그림자가 높은 산마루에서 평지로 내려올 즈음, 승무원이 우리에게 흑사탕을 나누어주었다. 흑사탕을 입에 물고 단맛을 느끼는 사이 평지가 보이더니 순화강이 구불구불 달려왔다. 순화강은 흘러서 우리나라 5대 장강의 하나인 대동강에서 모인다. 이윽고 우리가 탄 비행기는 순안공항에 사뿐히 내렸다.

공항에는 벌써 북경행 고려항공기가 시동을 걸고 우리를 기다리고 있었다. 구내 버스를 타고 200m 정도를 달려 비행기에 올랐다. 비행기 안은 사람들로 가득 차 있었고, 외국인들이 많이 앉아 있는 앞쪽에 우리 일행의 좌석을 남겨두고 있었다. 비행기는 곧 이륙했고, 한 시간 반 정도 지나 북경공항에 도착했다.

상공에서 바라보니 북한 쪽은 푸른 산도 보이고 물도 흘러 친근하게 느껴졌는데, 중국에 들어서자 짙은 갈색의 평야가 펼쳐지면서 금방 이국임을 느끼게 했다. 비오는 날이 길일이라는 북경, 거기에 비하면 우리 한반도는 얼마나 많은 자연의 혜택을 받고 있는지 실감할 수 있었다.

복잡한 북경공항을 거쳐 그날로 서울에 도착했다. 멀고도 먼, 너무나 먼 곳에서 집으로 돌아온 느낌이었다.

―◇―

2주 간의 휴가기간 동안 여러 사람을 만났다. 만나는 사람마다 북한에 대해서 물었고, 나는 짧은 경험만을 가지고 같은 얘기를 계속 되풀이해야 했다. 사람들의 질문은 거의가 비슷했다. '경제사정은 어떤가?' '통일은 되겠는가?' '갇혀 살 만하던가?' 사람들은 상상만 하고 있던 북한사회에 대해 한꺼번에 궁금증을 다 털어버리고 싶어했다. 그러나 나는 쉽게 대답을 할 수 없었다. 내가 북한에 대한 깊은 지식이 있는 것도 아니었고, 단지 북한 사람들이 살아가는 겉모습만 슬쩍 보고 왔을 뿐이면서 그들의 질문에 답하는 것 자체가 우스운 일인지도 모른다는 생각이 들었기 때문이다.

본사에 들러 현장 소식을 들었다. 휴가 나오던 날 배웅했던 직원들이 초대소에서 술을 마시고 돌아가다가 북한 사람을 치는 교통사고가 발생했다는 것이다.

"걸어가고 있는 사람을 뒤에서 치었는데 북한 사람은 30m 이상 나가 떨어졌고, 차는 크게 파손되었답니다. 가해 차량에 탄 우리 측 두 사람은 술에 취해 횡설수설하고 있었고, 뒤따라오던 동료들이 환자를 부축하러 뛰어갔는데 환자는 신음소리를 내면서도 손길을 극구 뿌리치더래요. 그러면서 대상사업국에서 빨리 오기만을 기다리더랍니다. 우리 측 구급차와 의사가 왔는데도 소용이 없었대요……."

피해자는 이십대 초반의 건장한 젊은이였다고 한다. 나중에 대상사업국 사람이 도착해서 부축을 받고 일어서려 했으나 중상이었는지 움직이지를 못했고, 겨우 구급차에 태워 우리 의무실에서 응급처치를 한 후 함흥병원으로 옮겼다고 한다. 웬만한 사람 같으면 죽었을 텐데, 젊고 단련된 몸이라 의식은 있어서 그나마 다행이었다는 것이다.

사고 후 사회안전부에서 곧바로 조사가 나왔는데, 사고 차에 탔던 두 사람은 술김에 의협심이 발동했는지 서로 자기가 운전했다고 해서 수사 진행에 차질을 빚었고, 수사관은 화를 내며 "쉽게 끝날 수 있는 일을 어렵게 만든다"며 성화가 대단했다고 한다.

함흥냉면의 원조

휴가 복귀 경로는 출발 때와는 달랐다. 서울―북경―평양―함흥― 현장 코스로써 중간에 평양에서 1박을 하는 것이었다. 평양으로 가는 고려항공은 탑승 대기자들로 붐볐다. 북한 교예단이 북경에서 열린 세계교예대회에 참석하고 돌아가는 길이었기 때문이다. 그들은 대회에서 금, 은, 동상 모두를 휩쓸었다고 했다. 이십대 전후의 젊은 남녀로 구성된 교예단은 모두들 근육으로 뭉쳐져 단단해 보였다. 여자 단원 한 명은 대회 도중 부상을 당했는지 목발을 짚고 있었는데, 경기가 얼마나 치열했는지를 느낄 수 있었다.

대기실에서 탑승 시간을 기다리는 동안 북한의 젊은이들은 트럼프를 꺼내 '주패놀이'를 즐기고 있었다. 그들의 손짐은 가방과 꽃다발이었는데, 우리의 손짐인 가방과 술, 담배가 든 비닐백과는 좀 거리가 있어 보였다.

꽃다발을 김일성 주석 동상에 바치려고 가져가는 모양이었는데, 왜 외국에서 사 가는지 이해가 안 되었다. 시간이 지나면 꽃도 시들고, 외화도 낭비하는 일인데 말이다. 북한에 꽃이 귀해서인지는 알 수 없으나, 도착해서 가장 먼저 할 일이 김일성 주석의 동상에 헌화하는 것이라면 이해가 되기도 했다. 그 밖에도 재일교포로 보이는 사람, 재미 경제인협회 관계자들, 북한의 고위층 가족으로 보이는 여자와 아이들이 있었다.

평양 쪽 날씨가 좋지 않았는지 비행기는 두 시간 가량 지연되어 밤 아홉 시경에야 평양에 도착했다. 순안공항에 도착해 입국 수속을 밟고 짐을 찾은 다음 간단히 세관검사를 마치고 공항청사를 빠져나왔다. 공항청사는 어림잡아 내 고향, 대구공항보다는 규모가 커 보였다.

공항 밖에는 고려호텔의 리무진 버스가 우리를 기다리고 있었고, 빨간 재킷을 걸친 호텔 직원이 승차 안내를 했다. 공항에서 호텔까지는 약 이십 분이 소요되었는데 밤이라 주위는 잘 보이지 않았지만, 천리마 동상만큼은 조명을 받아 유난히 눈에 띄었다.

시내에 들어서서도 다니는 차가 없어서인지 도로가 무척 넓어 보였다. 우리가 고려호텔에 도착한 시간은 밤 열한 시였다. 프런트에서 동관 901호실을 배정 받았다. 평양에서의 역사적인 첫밤이었다. 방 하나, 좁은 거실 하나 그리고 창가에 마련된 내실형 베란다. 나는 씻을 생각도 없이 커튼을 걷고 밖을 내다보았다. 답답할 정도로 어두웠지만 기억에 남기기 위해 담배를 물고 앉아 있었다.

호텔 맞은편 창광거리 변에는 15~35층 정도 되는 아파트들이 즐비하게 늘어서 있는데 몇천 세대는 되어 보였다. 고층아파트 1층에는 고급 식당들이 늘어서 있었다. 일명 음식점 거리라고 부르는 이곳은 드나드는 사람은 보이지 않았지만 간판에 불이 켜져 있어 상호는 쉽게 읽을 수 있었다. 창광식당, 약산식당, 승리식당, 은하수식당, 능라식당, 봉화신선로식당, 진주조개구이식당, 만경대식당…….

우리들은 잠을 잠시 미루고 다시 모여 45층 전망대로 올라갔다. 늦은 시간이었지만 우리들을 위해 회전동력을 가동했다고 안내원이 설명했다. 전망대는 서울 남산타워 회전전망대와 같은 형식인데 조금 더 넓어 보였고 한 바퀴 도는 데 45분 정도 소요된다고 했다. 여성 봉사원에게 맥주 몇 병을 부탁해 나누어 마신 후 "내일 아침 일찍 한 번 더 올라와 볼 수 있게 해 달라"고 안내원에게 부탁하고 장소를 옮겼다.

전망대에서 내려와 우리가 안내된 곳은 별관 3층 식당이었다. 여성 봉사원 세 명이 우리를 반갑게 맞았다. 메뉴판을 쳐다보고 아주 서툰 중국어로 몇 가지를 달라고 했더니 봉사원은 유창한 중국어로 '샬라샬라' 대답해버렸다. 주눅이 든 나는 우리말로 "중국어를 잘 하는군요" 했더니, 봉사원은 끝까지 중국어로 "이디얼(조금)"이라고 대답했다. 나는 졌지만 봉사원이 중국어를 잘한다는 사실이 오히려 대견스러웠다.

메뉴판에는 대략 1인분에 3~6달러 정도의 음식들이 있었다. 시간이 늦어 아침에 공급받은 재료가 떨어지고 없었기 때문에 메뉴대로 시킬 수가 없었다. 우리는 불고기와 생선조림 등 안주 몇 가지와 양주 한 병을 시켜 먹었다. 가격은 한 사람당 20달러 정도 부담했다. 늦은 시간인데도 특별히 문을 열어주었고 봉사원들의 노래도 몇 곡 들었던 터라 비싸다는 기분은 들지 않았다. 좋은 밤으로 기억하고 숙소로 돌아와 잠을 청했다.

　우리는 다음날 전망대와 평양시내 구경을 위해 새벽부터 서둘렀다. 함흥행 전세비행기 시간이 오전으로 잡혀서 시간을 맞추어야 했기 때문이다. 호텔 2층에 있는 한식당에서 아침을 먹고 45층 전망대로 올라갔다. 그 옛날 동명왕 주몽이 말을 타고 달리던 역사의 땅 평양은 옅은 안개에 젖어 있었다. '평평하고 아늑한 땅'이라는 이름 그대로 평양은 넓게 펼쳐져 있었고, 시야를 가릴 만한 높은 산은 주위에 보이지 않았다.

　'크게 모여 하나가 된다' 하여 '대동', 1천7백32개의 물줄기가 모인다는 대동강은 잘 가꿔진 버들길을 따라 유유히 흐르고 있었다. 주체사상탑, 평양역, 짓다 만 유경호텔, 해운청, 노동당사, 아파트들과 학교, 여성 교통안전원, 창광거리에서 버스를 기다리느라 길게 줄서 있는 북한 주민들, 지하철 입구로 들어가고 나오는 사람들, 고등중학교 학생들이 운동장에서 아침조회를 마쳤는지 교실로 흩어져 들어가는 모습이 보였다.

　여덟 시가 되자 분주하게 움직이던 사람들의 모습이 사라졌다. 학교 건 직장이건 아침 여덟 시에 모든 일이 시작되는 모양이었다.

　아침 여덟 시가 조금 넘은 시간에 체크아웃을 하고 고려호텔 리무진 버스에 올랐다. 주체사상탑을 목적지로 정한 버스는 평양역 앞에서 좌회전하여 영광거리로 접어들었다. 우측으로는 '김책공업종합대학'이 있고 좌측으로는 '천리마문화회관'이 있었다. 문화회관 앞에서는 젊은 남녀 선무요원들의 취주악대 연주가 있었던 모양이다. 선무요원들이 연주를 마치고 악기를 챙겨 계단식 간이 무대를 내려오고 있었다.

버스는 또다시 좌회전하여 승리거리로 접어들었다. 이 거리는 1960년대 말까지 모택동거리, 스탈린거리로 불리워졌다고 한다. 이곳에는 평양시의 중심축을 형성하는 제일 큰 기념비적 건축물인 '인민대학습당'이 한복판에 자리잡고 있으며, 군중대회와 열병식 및 경축야회 등이 열리는 '김일성광장'이 있다. 또한 1963년에 준공된 '평양학생소년궁전'이 있어 평양시내의 학생들이 수업을 마치고 매일 여기에 와서 과외활동을 하고 있다. 그밖에도 1960년에 준공된 '조선중앙역사박물관', 노동당 기관지인 '노동신문사', 옛날 화신백화점을 개축하여 1982년 다시 문을 연 '평양 제1백화점' 등 남쪽에서도 낯이 익은 건물들이 많이 있었다. 북한의 도시는 상업, 업무 기능의 건물이 가로변에 배치되는 자본주의 도시와는 달리, 고층의 아파트와 공공건물이 가로변에 배치되어 도시 경관을 주도하고 있었다.

버스는 대동강을 가로지르는 옥류교를 건너서 주체거리의 '주체사상탑' 앞에 닿았다. 버스에서 내려 탑 위를 보려고 고개를 뒤로 젖혔더니 뒷걸음을 쳐야 할 정도로 높았다. 북한 정권의 통치 이데올로기인 주체사상을 상징하는 조형물답게 대단히 웅장해 보였다. 주체사상탑 앞 대동강 가운데에는 물을 150m 높이까지 뿜어 올리는 두 개의 분수가 있었고, 위로는 '옥류교', 아래로는 '대동교'가 가로막고 서 있었다. 건너편 대동강변에는 유람선과 보트 선착장이 있고, 옥류교 뒤로는 대동강과 모란봉을 배경으로 날아갈 듯 기와지붕을 올린 '옥류관'이 어서 오라고 손짓을 하듯 서 있었다.

발 아래 흐르는 대동강물을 보면서 나는 마치 한강 둔치에 서 있는 느낌을 받았다. 시간은 흘러가도 역사는 산천과 함께 남는다. 지금 민족이 남북으로 나뉘었더라도 대동강과 한강이 서해에서 만나듯, 내가 바라보고 있는 대동강의 이름이 그러하듯, 언젠가는 민족이 대동단결할 날이 반드시 오리라는 생각이 들었다.

리무진 버스는 우리를 태우고 순안공항으로 향했다. 옥류교를 다시 거쳐 칠성문거리로 들어섰다. 오른쪽으로 비스듬히 모란봉이 보였다. '천하제일강산'이라 불리는 모란봉에 오를 수 없어 아쉬웠다.

개선문과 김일성경기장은 모란봉 끝자락에 있었다. 개선문은 1982년 4월에 김일성 주석 70회 생일을 기념하기 위해 김정일 위원장이 직접 관장해 만들었다고 한다. 파리의 개선문과 비슷한 이 문은 '항일운동 20년, 조국건설 40년'의 의미로 높이를 60m로 만들었다고 한다.

수도건설 청년돌격대원들이 한창 고속도로공사를 하고 있는 현장을 벗어나자 한적한 농촌이 보이기 시작했고, 곧 순안공항에 도착했다. 순안공항은 정규 비행기가 뜨지 않는 날이라 한산했고, 우리를 위한 함흥행 전세 비행기만이 이륙 준비를 하고 있었다. 전날 입국심사를 마쳤기 때문에 엑스레이 투시기로 짐 검사만 간단히 하고 청사 내로 들어갈 수 있었다. 공항청사 2층은 탑승대기실이었다. 대기실 벽을 따라 유리로 된 매대가 설치되어 있었고, 매대에는 북한 관광책자와 수공예품이 많이 진열되어 있었다. 수공예품 중 나무로 깎아 만든 동물조각품이 만만하여 두 개를 샀다.

전세 프로펠러기는 우리 휴가자들을 실어 나르는 일이 이제는 이골이 났는지 예사로이 떴다가 순식간에 함흥 비행장에 내려앉았다. 비행장 직원들이 휴가에서 돌아온 우리를 보고 반갑다고 인사를 했다. 깡마른 북한 버스운전원도 변함 없는 모습으로 우리 앞에 나타났다. 나도 그들이 반가웠다.

점심식사를 위해 함흥시내로 들어갔다. 전기버스가 우리가 탄 버스와 같은 방향으로 달리고 있었고, 반대쪽에서는 타이어가 터진 전기버스가 주저앉은 채로 수리를 기다리고 있었다. 시가지에는 심심찮게 가게도 보였다. '려관식당'이라는 간판을 달고 있는 여인숙 같은 곳, 남새상점, 물고기상점, 공업품상점, 자전거수리, 주브수리, 양복점, 책방, 도서관, 리발소, 회국수집, 노동자식당 등이 보였으나 가게마다 사람은 드물었다.

함흥시내 한복판, 우측의 신흥장호텔과 좌측에 노동당사로 보이는 큰 건물 사이에 '함흥신흥관'이라는 함흥냉면집이 자리잡고 있었다. 우리는 2층 홀에 들어섰다. 천장이 높고 넓은 홀의 규모에 놀랐다. 밖에서 보기에는 시시해 보였는데 외관과 내부의 차이가 상당히 컸다. 내가 놀란 이유는 아마도 남한에서 쇼윈도우 문화에 젖어 살아온 터라, 호화로운 외부 치장만 보고 건물 내부의 '숨겨진 공간'에 대해서는 잘 보지 못했기 때문이었다.

점심 메뉴는 함흥냉면이었다. 봉사원의 말을 빌리자면, 이곳은 본래 건물이 허름했지만 맛에 있어서는 함경도에서 제일 유명했던 곳이라고 한다. 1960년대 김일성 주석이 이 집에서 냉면을 먹어보고 '함흥냉면의 원조'라고 극찬을 하면서, "건물을 다시 지어 길이 보전할 수 있도록 하라"고 교시하셨다고 설명하는 봉사원의 표정은 자부심에 가득 차 있었다.

 면발은 흰 회색으로 굵었으며, 놋그릇에 봉긋하게 담긴 면 위에 삶은 꿩고기를 찢어 얹어놓았다. 솔직히 냉면이 나오기 전 다른 음식들이 많이 나와 있었기 때문에 냉면 맛을 제대로 음미할 수가 없었다. 나의 음식 욕심이 후회스러웠다.

 버스는 현장으로 향했다. 이성계가 태상왕 시절 머물렀다고 하는 '함흥본궁'이 눈앞에 나타났다. 썩 잘 꾸며지지는 않았지만, 멀리서 보니 원형은 그런대로 잘 보존하고 있는 듯했다. 함흥시내에서도 겨울이 가까워져서인지 아파트 베란다마다 장작더미가 쌓여 있었고, 농촌의 민가에도 벽을 따라 장작더미가 길게 쌓여 있었다. 장작더미가 긴 것을 보니 겨울이 어지간히 길고 추운 모양이었다.

 휴식도 할 겸 홍원 '해월정'이라는 곳에 멈춰 섰다. 만을 이룬 바다에는 작은 섬들이 병풍처럼 가리고 있어 아늑했다. '해월정이라……' 그 이름과 함께 바다 위로 떠오르는 달의 모습을 생각해봤다. 아름다울 것이다. 그 정경을 본 선조들이 '해월정'이라 이름 붙였으리라는 생각이 들었다.

 열두세 살쯤 되어 보이는 사내놈 하나가 우리가 쉬고 있는 언덕을 넘어가고 있었다. "너, 어디 가니?" 하고 인사치레로 물었다. 그놈은 내가 누구인지, 그런 건 알 바 아니라는 듯 나를 힐끗 한번 쳐다보고 가던 길을 재촉하며 말을 던졌다. "배급소에 갑네다." 멀어져가는 그놈의 걸음걸이가 왠지 가벼워 보였다. 멀고 긴 휴가를 마치고 현장에 도착했다.

겨울
소탈하고 겸손한 사람들

불발로 끝난 시험발파

완공을 열흘 앞두고 불타버린 복지관

남이 시킨 일은 오뉴월에도 손발이 시리다

북한에서 맞은 송년과 새해 아침

뇌물로 받은 정겨운 캔 커피

틈날 때마다 '교시문'을 외우는 사람들

불발로 끝난 시험발파

　11월로 접어들면서 경수로 현장도 겨울이 문턱에 와 있음을 느끼게 했다. 남한보다는 겨울이 길어 내년 5월까지는 서리가 내릴 것이라 했다. 여름철에 입던 카키색보다는 청색 계통의 인민복이 눈에 많이 띄었고, 내의를 껴입은 듯 오고가는 사람들의 행동이 조금씩 더뎌 보였다. 사람들의 눈길을 유혹하던 산비탈의 단풍잎들도 떨어지고, 몇 남지 않은 마른 잎이 바람에 스칠 때면 그 소리가 을씨년스러웠다. 지난 여름, 벌거숭이 아이들이 알아듣지 못할 억센 함경도 사투리로 떠들며 물놀이를 하던 초대소 앞 개울도 온기를 잃고 식어갔다.

　11월은 초겨울, 입동과 소설이 있는 절기다. 잘되었거나 못되었거나 농민들은 일년 농사를 마무리하고 집안일을 추스린다. 가을걷이라는 게 많이 거둔 듯해도 이것저것 제하고 나면 남는 것이 별로 없어, 본래 시작되는 겨울이 더 매서운 법이고, 농부의 이마에는 주름살이 또 하나 느는 때이다.

가을걷이가 끝나고 찬바람만 부는 빈 벌판 위로 기러기 떼가 줄을 지어 날아간다. 따뜻한 남쪽을 향해 일사불란하게 줄지어 날아가는 그들의 방향감각과 목표의식이 참으로 놀랍다. 독수리처럼 외롭게 날거나 참새처럼 수선스럽지 않은 그들의 모습에서 함께 살아가는 규율과 질서를 배운다.

금호무역회사와 북측 화약의 성능 테스트를 위한 시험발파 준비회의를 가졌다. 북한산 화약과 발파기술이 괜찮으면 남한에서 화약을 가져와야 하는 위험부담 없이 북측에 발파작업 하도급을 줄 생각이었다. 북측 관련자들은 발파작업에 관심이 많아서 회의에도 적극적이었다. 시험발파는 남측과 북측이 각각 세 번씩 하기로 합의했다. 남측에서 먼저 시범을 보인 다음 일주일 후에 북측에서 시험발파를 하는 것으로 일정을 정하고, 며칠 내로 북측의 시험발파 방법과 협조사항에 대해 통보해 달라고 했다.

다음날, 양화항에 도착해 있던 남한 측 시험발파용 화약이 컨테이너에 실려 북한 사회안전부 소속 호송차의 경호를 받으며 현장으로 운반되었다. 화약은 현장에서 통관검사를 마치고 이내 봉인되어 북측 경비원의 보호 속에 들어갔다. 화약은 위험물로 간주되어 북측에서 경비를 서겠다고 했고, 경비용역계약에 따라 비용은 우리가 지불해야 했다. 경비는 이십대 초반의 젊은이들이었는데 머리를 짧게 깎은 모습으로 보아 군인들인 것 같았다. 이들은 2인 1조로 여덟 시간씩 일일 3교대 근무를 했다.

다음날, 화창한 날씨 속에서 남측의 시험발파가 진행되었다. 이날 시험발파에는 마침 현장을 방문한 케도 총장, 북한의 허종 유엔순회대사 및 고위관리자 등 많은 사람들이 참관을 했으며 발파작업은 성공적으로 수행되었다. 시험발파가 끝난 뒤 북측 기술자들에게 일주일 후에 있을 북측의 시험발파도 차질이 없도록 준비를 잘해 달라고 부탁했다. 북측 발파책임자는 우리들의 시험발파를 주의 깊게 살펴보았는데, 좋다 나쁘다는 언급이 없었다. 그러나 발파의 규모가 작았다는 것을 말하고 싶었던지 자기의 경험담을 얘기해주었다.

그는 평양—개성간 고속도로 공사에 참여했는데 공사기간을 맞추기 위해 엄청난 규모의 발파를 실시했다면서, "발파 규모가 워낙 커서 그 폭발력을 이용해 흙과 돌들을 쌓고자 하는 위치로 바로 날려버릴 수 있었다"고 말했다. 현실과 동떨어진 일종의 무용담 같은 얘기였지만 진지하게 들어주었다. 그러고 나서 나는 그에게 "이곳은 원자력 발전소가 들어서게 될 자리이므로 무모하게 규모가 큰 발파를 하게 되면 기반이 충격을 받아 기초에 악영향을 미치게 되므로 적정한 규모의 기술적인 발파가 필요하다"고 설명해주었다. 그는 고개를 끄덕이며 "며칠 후에 있을 우리 시험발파도 잘 해낼 수 있다"고 말하며 우리가 가진 발파모선과 공중파교신기(무전기)를 지원해 달라고 요청해왔다.

북측의 시험발파가 실시되기 전날, 현장에서 준비회의를 가졌다. 암석에 장약(裝藥)을 하기 위한 천공작업은 우리가 미리 해두었다. 북측 기술자들은 천공된 상태를 도면에 표시하면서 직경과 깊이 그리고 막힌 곳은 없는지 일일이 확인을 했다. 그러고 나서는 '천공이 되지 않은 윗부분이 너무 두꺼워 발파에 성공할 수 있을까' 우려했다. 통상적으로 우리는 그 정도 높이를 유지해왔지만, 북측에서 사용하는 화약의 성능으로 봐서 좀 무리가 있어 보이는 모양이었다. 나는 "시험발파니까 이런 상황에서 해보는 것도 괜찮지 않으냐"고 얘기하고 넘어갔다. 그들이 준비해온 시험발파 계획서를 보니 전기뇌관 대신에 도폭선을 사용하고, 화약은 기름종이에 싼 초안폭약을 사용하는 것으로 되어 있었다. 그들이 지원 요청을 했던 공중파교신기는 우리 것을 빌려쓰면 보안유지가 어렵다는 이유에서였는지 자기네 것을 사용했다. 그러면서 발파 모선과 발파 전에 위험신호로 울릴 사이렌만 지원해 달라고 했다.

다음날 낮 열두 시, 북측의 시험발파가 실시되었다. 북한 사람들이 부쩍 많이 눈에 띄었다. 북측 발파책임자에게 "오늘은 사람이 많이 모였습니다" 하고 인사를 건넸더니, 그는 "우리가 발파하니까 구경하느라고 많이 왔다"고 대답했다. "발파!" 신호와 함께 스위치가 돌려지자 흰 먼지와 함께 돌들이 하늘로 치솟았고 연이어 "쾅" 하는 소리가 크게 번져나갔다. 도폭선을 사용했기 때문에 소리가 유난히 컸다. 북측의 1차 시험발파는 성공적으로 끝났다.

사흘 후 2차 시험발파가 있었다. 그들은 이번에는 도폭선을 사용하지 않고 전기뇌관을 사용했다. 정오에 맞춰 발파 스위치를 돌렸으나 이번에는 일부만 터지고 많은 화약이 불발인 채로 남았다. 30분 만에 원인을 찾아낸 그들은 전기뇌관의 연결선이 끊어졌기 때문이라고 했다. 어렵게 복구작업을 마치고 불발된 화약을 마저 터뜨렸다. 다음 번 시험발파에서는 우리 전기뇌관을 써보라고 권했으나, 그들은 제 화약에 맞는 뇌관을 사용해야 한다며 거부의사를 표시했다. 그들은 불발사고로 스타일을 구기고 3차 시험발파를 기대해야 했다.

닷새 후 북측의 3차 시험발파가 시작되었다. 이번에도 마흔 개의 장약공 중에서 열세 개가 터지지 않는 불발 사고가 일어났다. 지난번보다 문제가 더 심각했다. 흙더미가 내려앉아 불발 장약공이 묻혀버린 것이다. 사고를 예방하기 위해 어떻게든 불발탄을 찾아내 폭파를 해야 하는데 그러려면 굴착기로 흙더미를 먼저 제거해야 했다. 요령과 경험이 많은 남측의 굴착기 운전원이 흙더미를 파헤치고 겨우 뇌관선을 찾아주었고 서너 시간 후에 발파를 완료할 수 있었다.

이 일로 우리는 북측에 발파작업 하도급을 주는 것을 회의적으로 생각하게 되었고, 결국은 북측 기술자도 발파작업을 포기했다. 그들 스스로 발파작업을 포기한 주된 이유는, 북측 화약은 양강도에서 생산되는데 겨울이 되면 눈으로 인해 운송로 사정이 좋지 않아 화약의 운반과 관리가 대단히 어렵다는 것이었다. 지난 가을부터 그들이 발파작업을 빨리 추진할 것을 재촉한 이유가 이해되었다.

이번 화약 시험발파는 모처럼 적절한 사업을 하도급을 주고 그들의 일 처리능력과 남북 연관공사에 대한 업무협조 정도를 평가해볼 수 있는 중요한 기회라고 생각했는데 결과가 좋지 않아 못내 아쉬웠다.

북측으로부터 샘플로 받았던 경유 세 드럼통을 우리 덤프트럭에 주입해 사용해보았다. 트럭 운행에는 별다른 문제점을 발견하지 못했다. 유리병에 경유를 담아두었더니 남쪽 제품은 연노랑색인 데 비해 북한 제품은 짙은 노란색이었고 바닥에 앙금이 조금 가라앉아 있었다. 남한에 있는 시험연구소에 샘플을 보내 성분 검사를 해보았다. 화학성분은 조금 차이가 났으나 품질에서는 큰 차이가 없는 것으로 판명되었다.

샘플에 대한 평가가 끝나고 빈 드럼통을 반납하기 위해 대상사업국을 찾아갔다. 대상사업국 사무실은 인근에 있는 어느 기업소 입구의 단층 건물에 있었다. 소나무숲에 가려 바깥에서는 잘 보이지 않았다. 단층 건물 앞에는 작은 로터리가 있고, 로터리 중앙에는 '김일성 동지는 …… 함께 계신다'라고 씌어진 선전탑이 서 있고, 기업소로 보이는 곳의 정문에는 여성 보위원이 정복 차림에 총을 메고 한가로이 보초를 서고 있었다. 맞은편 길 건너로는 바닷물을 수레에 싣고 지나가는 사람도 보였다. 김장배추를 절이기 위해 가져가는 모양이었다. 북한에서는 그만큼 소금이 귀했다.

전화로 미리 통보를 해서인지 대상사업국 김 동무가 겨울 방한복 차림으로 양지바른 현관 모퉁이에 서서 나를 기다리고 있었다. 반갑다고 인사는 나누었지만 표정이 썩 밝지는 않았고 사무실로 들어가 차라도 한잔 얻어먹었으면 했는데 들어오라는 소리도 하지 않았다. 드럼통을 반납하고 선 채로 몇 가지 얘기를 나누었다. 김 동무는, 지금까지는 북측의 하도급 회사가 한 곳이지만 두 개 정도를 더 늘리고 싶다는 얘기와 계약서에 표기된 북측의 송금은행 변경문제, 지난번 교통사고를 당한 북한 사람의 뒤처리에 대해 얘기를 했다. 나는 그에게 현장과 숙소에 쌓여가는 쓰레기를 청소할 폐기물 처리회사 한 곳을 추천해 달라고 부탁했다. 그러한 회사가 있는지는 모르겠지만, 그는 고개를 끄떡이며 알아보겠다고 대답했다.

그는 이어서 우리 직원이 한번 부탁한 일이 있는 '도루묵' 얘기를 꺼냈다. 도루묵은 지금이 한창 잡히는 시기인데 잡히는 족족 신포로 보내져 일본으로 수출되고 있다고 했다. 가격은 알이 밴 것은 톤당 6천 달러, 알이 없는 것은 2천 달러로 비싼 편인데 살 마음이 있으면 얘기해 달라고 했다. 톤당 얼마라고 얘기를 하니 도무지 감이 잡히지 않아 헷갈리고 있는 판에 비싸다는 얘기가 머리에 박히면서 나는 배알이 좀 뒤틀렸다. 비싸고 싸고는 내가 판단할 일인데 상대 쪽에서 그렇게 나오니 친절인지 자존심을 건드리는 일인지 알 수가 없었다. 자격지심이었을까? IMF 사태로 이곳에 와 있는 우리들도 분위기가 많이 위축된 것은 사실이었다. 회사별로 감원 소식으로 분위기가 술렁거리고 있었기 때문이었다.

대상사업국 김 동무가 때맞춰 내게 물었다. "남쪽 경제가 어렵다는데 회사는 괜찮으냐"고 묻는 표정이 걱정인지 비아냥인지 분간이 안 되었다. 착잡한 심경을 억누르고 설명을 했다. 자본주의 사회에서는 나라의 경제든 회사의 형편이든 간에 부침이 있을 수 있고, 하루에도 수십 개의 회사가 새로 생기고 또 많은 회사가 없어진다. 자본주의 사회는 경쟁사회이기 때문에 변화하는 환경에 적응하지 못하면 사라지게 되고, 잘 적응하면 아주 크게 성장할 수도 있는 특징이 있다. 우리 회사도 여건이 좋지 않아 어려운 것은 사실이지만 수많은 역경을 딛고 성장해왔기 때문에 생명력이 있다. 비가 온 뒤 땅이 굳듯, 어려움을 극복하고 나면 더 큰 발전이 있을 것이라고 말했다.

그는 나름대로 알아들었다는 듯이 고개를 끄덕이고는 화제를 다른 곳으로 돌렸다. "남쪽에서는 대통령이 서로 되겠다고 그런다는데 누가 될 것 같으냐"고 물었다. 어려운 질문이었다. 그래서 나는 점쟁이가 아니어서 모르겠고 시간이 지나면 알게 될 것이라고 얘기하고 말았다. 그와 얘기를 마치고 돌아오는 발걸음이 그렇게 무거울 수가 없었다.

평소 대상사업국 김 동무의 얼굴에서는 삶에 찌든 표정은 볼 수 없었다. 내가 본 북한 사람들 거의가 그랬다. 그들은 '사회주의 자립적 민족경제'를 건설한다는 일념으로 경제적인 어려움을 버텨나갔다. 북한이 취하고 있는 난관극복 방법은 편향된 시각으로 보면 바람 앞의 촛불처럼 곧 꺼질 듯하지만 실제로는 그렇지 않을 수도 있다. 북한의 내적 응집력, 곧 집단적 상호책임감은 바깥에서 생각하는 것보다 훨씬 강한 것 같았다.

완공을 열흘 앞두고 불타버린 복지관

명광무역회사로부터 땅을 다지는 장비인 진동롤러를 빌려 쓰기 위해 몇 차례 협상을 벌여 가격을 결정했다. 하루 열 시간 사용에 88달러를 주기로 했다. 협상 중에 '하루 열 시간 근무' 얘기가 나오자 명광무역의 전 사장은 "북쪽 사람들은 하루 여덟 시간 근무가 몸에 배어 있기 때문에 운전원 설득에 어려움이 있을 것"이라더니 "역시 남쪽 사람들은 열심히 일 하누만" 하면서 협조하겠다고 대답했다. 지난 5개월 동안 남쪽 근로자들이 아침 일곱 시부터 저녁 여섯 시까지 일하는 것을 지켜본 북한 사람들의 우리에 대한 평가를 엿볼 수 있었다.

준비해간 장비임대계약서를 명광무역 경리과장 최옥화 동무에게 검토해보라며 건네주었다. 계약서를 읽어 내려가다가 갑자기 정전이 되자, 그녀는 재빨리 핸드백에서 손가락만한 전등을 꺼내서 켜더니 계약 문안을 계속 읽었다. 내용에 이상이 없음을 확인하고는 서명을 하겠다고 했다. 서명은 영문으로 이니셜을 쓰고 사인을 하게 되어 있는데, 명광무역 전 사장은 영어를 전혀 못하는 사람이라 경리과장이 전 사장의 영문 이니셜을 대필해주고 전 사장은 사인만 했다. 캄캄한 초대소 건물 안에서 흐릿한 손가락전등 불빛 아래, 남과 북이 얼굴을 맞대고 한 건의 계약서를 완성한 것이다. 서명된 계약서를 나누어 가진 뒤 전 사장이 "계약이 끝났으니 술이라도 한잔 해야지" 하면서 너스레를 떨었다. 그런 비공식적인 술자리가 허용될 리 없다는 것을 서로가 잘 아는 처지라 웃고 넘겼지만 그런 관습이 이곳에도 있다는 사실 자체는 낯설지 않아 좋았다.

나오는 길에 매점봉사원 조 동무가 촛불을 켜놓고 자리를 지키고 있어 말을 건넸다.

"조 동무가 요즈음 예뻐지는 것을 보니 애인이 생긴 모양입니다."

"예전이나 똑같은데 무얼 가지고 그러십니까?"

그러면서 꽤나 기분 좋은 표정을 내비치며 한마디를 더 살을 붙이고 나왔다.

"아직 애인이 있을 그런 나이가 되지 않았습니다."

"조 동무 나이쯤이면 좋은 사람이 보이면 애인도 될 수 있고, 또 나아가 결혼도 하는 것 아니에요?"

"젊은 시절에 더 많은 일을 하고 싶은데 결혼을 하면 못하게 됩네다."

"결혼을 하더라도 일은 계속할 수 있지 않아요?"

"일이야 할 수 있갔지만 제한을 많이 받네다. 그리고 결혼 전에는 많은 친구와 더불어 살 수 있지만 결혼을 하면 친구가 한 명으로 줄지 않습네까?"

"허허, 결혼해서 얻은 진정한 친구 한 사람이 결혼 전 친구 열 사람보다 나은 것 아니에요?"

"친구가 많은 게 더 좋습네다."

조 동무의 얼굴에서는 지난번에 위조지폐 여부로 실랑이를 할 때의 득의 만만한 표정은 찾아볼 수가 없었고 여느 처녀와 같이 풋풋한 청춘이 느껴졌다. 정전으로 어두워진 초대소의 밤하늘에 별들이 총총했다.

눈이 많이 내린 12월 초 어느 날, 식당에서 일하던 북측 여성동무들이 보이지 않았다. 남한에서 여자 주방요원 두 명이 도착했기 때문에 당초 약속대로 철수한 것이었다. 얼마 전 대상사업국으로부터 여자들이 가정살림으로 바빠 더 이상 나올 수 없다는 얘기를 들었을 때 그러면 남자라도 보내 달라고 했는데, 남자들은 그런 일을 하지 않는다며 일언지하에 거절했었다. 오십대 후반의 통통하고 인심 좋게 생긴 남쪽 아주머니들이 와서 식당 분위기는 또 다른 양상으로 변해갔지만 어쨌거나 북측 여성동무들이 떠나버린 것은 서운한 일이었다. 주방장도 두 명을 얻은 대신 여섯 명을 잃었다며 아쉬워했다.

눈 때문에 양화항으로 가는 언덕길도 미끄러워져 엉망이었다. 이번부터 세관원들이 통관검사를 위해 현장으로 출장을 오게 되면 시간당 15달러의 출장료를 지불해야 하기 때문에 아예 양화항에서 통관검사를 받기 위해 가는 길이었다. 시외버스 한 대가 사람들을 가득 태우고 힘겹게 양화고갯길을 오르고 있었다. 처음 보는 시외버스였다. 앞자리에는 주로 군인들이 탔고 뒷자리에는 민간인들이 타고 있었는데, 그중 뒷자리 창가에 아기를 안고 앉은 여인네의 표정이 눈길을 끌었다. 아기를 안고 있어서 인지 앉은 자세는 썩 편치 않아 보였지만, 볼그스름한 얼굴이 여느 북한 사람들처럼 소탈하고 겸손한 마음을 가진 아녀자로 보였다. 무리하다 싶게 짐을 진 버스는 흙탕으로 가려진 노선 표지판이 가리키는 곳으로 검은 매연을 뿜어대며 사라져갔다.

양화항에 도착해 매점에서 근무하는 예쁘장한 봉사원 동무에게 인사를 했다.

"요 며칠 동안 추워서 고생하셨지요?"

"우리들은 괜찮은데 밖에서 일하시는 선생님들이 고생이 많으셨습니다."

너무 의젓한 대답이었다.

추운 날씨에도 불구하고 세관원과 검역소 직원들은 배로 실려온 물품과 식료품들을 열심히 검사해주었다. 덕분에 우리는 해 질 녘쯤 해서 통관과 검역을 끝내고 물품들을 현장으로 운반할 수 있었다.

지난 여름부터 시작한 초대소 복지관 신축공사는 12월 완공을 목표로 진눈깨비가 날리고 얼음이 어는 상황에서도 막바지 공사가 한창이었다. 내부시설이 얼마나 되었는지 궁금해 안내원과 같이 복지관 안으로 들어가보았다. 바닥에는 대리석이 깔려 있고, 벽에는 흰색 페인트로 마감질을 해놓았으며, 천장은 전기배선작업 중이라 전선들이 어지러이 널려 있었다. 안내원은 열흘 정도 뒤면 문을 열 수 있을 것이라고 했다. 개인욕탕 안을 살펴보던 중 한증실의 문을 열자 근로자들이 자고 있어 미안한 마음에 급히 문을 닫았다. 휴일이라 하루 종일 쉬는 모양이었다.

안내원은 밖으로 나오면서 목욕비, 이발비, 안마비를 얼마나 받아야 할지가 궁금했는지 "남쪽에서는 얼마를 받느냐"고 나에게 물었다. 여러 사람으로부터 몇 차례 질문을 받아왔던 터라 이번에는 성의있게 대답해주고 싶었다. 목욕비 2달러, 이발비 3달러, 안마비는 잘 모르겠다고 했더니, "다 합해서 한 10달러 받으면 되느냐"고 되물었다. 내가 그에게 해줄 수 있는 대답은 비싸면 사람들이 오지 않을 것이라는 것뿐이었다.

12월 11일, 모두들 저녁식사를 마치고 숙소로 돌아가는데 초대소 쪽에서 불길이 솟아올랐다. '초대소에 불이 났구나' 생각이 들어 동료들을 불러 얼른 차를 몰고 달려갔다. 초대소 입구에는 어느새 대상사업국 직원들이 나와 접근을 막고 있어서 들어가볼 수는 없었다. 불은 신축 중인 복지관을 휩쓸고 있었다.

북한 사람들은 불을 끄기 위해 양동이로 물을 나르다, 소용없다고 판단했는지 망연자실해 바라보기만 했다. 안타까운 마음에 우리는 숙소에 있는 물차를 불렀지만, 한참 추운 겨울철이라 물차는 밤새 탱크가 얼지 않도록 물을 다 빼버린 상태여서 곧바로 올 수가 없었다. 서둘러 얼마 정도의 물만 채우고 와서 물을 뿜으려고 하는데 이번에는 밸브가 얼어붙어 열리지가 않았다.

북한 사람들이 큰 기대를 갖고 밤낮없이 땀흘려 건설해온 복지관이 완공을 며칠 앞두고 불타고 있으니 안타깝기 그지없었다. 그런 마당에 물차가 제 역할을 못해준 것이 무척이나 원망스러웠다. 결국 불길은 완공을 열흘 앞둔 복지관을 다 태워버리고 사그라들었다. 불길이 꺼져가면서 주위는 다시 어둠에 빠져들고, 파도소리가 들려오는 가운데 차가운 별빛이 어깨 위로 내려앉았다.

여름날 작업복을 땀으로 적시며 시멘트를 나르던 젊은 남녀 건설돌격대원들, 소나무 가지 사이로 들려오던 선무요원의 아코디언 연주와 합창소리, 완공하면 남쪽 사람들이 많이 애용해줄까 궁금해하며 틈만 나면 물어오던 그들의 기대와 희망, 그 모든 것들이 속절없이 재가 되어 가라앉고 연기가 되어 밤하늘에 흩날려갔다. 이런 상황에서 어떤 말인들 그들에게 위로가 될까 싶어 그냥 말없이 떨리는 몸을 추스리며 숙소로 돌아왔다.

다음날 화재를 당한 복지관에서는 초대소 봉사원들이 전부 나와 뒷정리를 했다. 천장은 완전히 내려앉았고 내부의 가구들과 문틀도 재로 변했다. 그나마 천만다행인 것은 두 자 정도밖에 떨어져 있지 않은 초대소 건물이 전혀 손상을 입지 않은 것이었다. 옆에 같이 있던 안내원은 우리가 몰래 와서 고의로 불을 낸 것 아니냐면서 농담을 했고, 신축공사를 맡고 있던 지배인은 화재의 원인이 전기누전으로 생각된다면서 재건을 위해 다시 돌격대를 불렀으므로 곧 복구될 것이라고 말했다.

⌒⌒

그날 '조선대외운수회사' 부사장이라는 사람이 회의를 요청해왔다. 그들은 경수로 공사가 본격화되면 항공화물이나 신속 택배화물이 많을 것으로 생각하고 평양에서 현장까지의 육상운반에 대해 많은 관심을 보였다. 중량, 거리, 운송수단으로 구분 지어진 단가표를 나에게 보여주면서 일본에서 사용하는 요금표의 70%를 적용했으니 참고하라고 했다. 그는 또 나중에 화물이 많아지면 강상리에 지사를 차릴 계획도 가지고 있으며, 우리 화물선이 양화항에 들어올 때마다 검수도 해줄 수 있다고 했다. 그러나 검수 문제만큼은 우리 살림을 그들이 들여다보는 기분이 들어 즉석에서 사양했다.

북측과의 거래에서 어려운 점 중 하나가 물품 가격을 산정하는 일이었다. 그럴 때 북측에서는 주로 일본 가격을 참조하거나 일본으로 수출하는 가격을 참조하여 제시하는 경우가 있다. 한번은 우물 주위에 짚단을 깔기 위해 볏짚 3백 단을 북측에 요청했는데 300달러를 요구해왔다. 300달러여야 하는 이유인즉, 일본에 다다미 제작용으로 사용되는 볏짚을 톤당 300달러에 수출하기 때문이라고 했다. 아무래도 비싸다 싶어 깎아보기로 했다.

"다다미용으로 수출되는 볏짚은 질이 좋은 것일 테고 우리가 사용하고자 하는 볏짚은 우물 보온용이기 때문에 질이 낮아도 상관없으므로 100달러만 지불하겠다"고 했더니 "150달러는 줘야 한다"며 옥신각신한 적이 있었다. 결국 중간쯤에서 합의하고 북측이 제공하는 볏짚을 썼다.

식품 공급에 대한 북측과의 가격협상이 결렬된 후 중국 연변지역에서 수입을 해보기로 했다. 가격은 맞았지만 운송이 만만치가 않았다. 북측에서도 연변에서의 수입은 쉽지가 않을 것이라며 여유 있는 태도를 보였다. 시험적으로 주문해본 결과 식품운반 차량이 국경을 넘어 나

진·선봉지구까지 오는 동안 식품이 변질될 정도로 많은 시일이 소요
되었다. 결국 식품운반 차량은 현장으로 오지도 못하고 되돌아가고 말
았다. 그 이후로 식품은 남쪽에서 냉동컨테이너에 실려 정기 화물선으
로 공급되었다.

　12월 중순, '외환은행 금호지점'의 개소식이 있었다. 북한에 개설된
최초의 국내은행 지점이었다. 정부 관리, 외환은행 본사 임원, 북측의
대상사업국 직원 등 많은 사람들이 참석한 가운데 국내은행의 '북한지
역 제1호 지점'의 탄생을 알리는 뜻깊은 행사였다. 경수로건설공사와
관련된 남쪽 회사들과의 거래가 주요 업무지만, 장차 있게 될 북한과
의 금융교류를 위한 교두보로서의 역할에 많은 사람들이 기대를 나타
냈다.

　우리들은 1달러씩 담긴 통장을 선물로 받아 매달 조금씩 나오는 현지
수당을 은행에 입금해놓고 필요할 때 찾아 쓰기도 했다. 은행시설 보수
를 도우러왔던 북측 근로자는 은행 내부 벽에 걸려 있는 각종 예금 권
유 포스터, 팜플렛, 환율게시판, 대형 금고시설, 컴퓨터 등을 보고 놀라
는 표정이었다. 말은 하지 않았지만 첨단을 달리는 '자본주의 시설'에
상당한 관심과 흥미를 가지고 있음을 알 수 있었다.

　금호지점은 북한은행을 통한 영업자금의 현지차입이 불가능했기 때
문에 영업자금을 사람이 직접 날라야 하는 불편은 있었지만, 우리 근로
자들에게는 현금을 개인이 관리해야 하는 불편함을 해소해주었고 삭막
한 공사현장에서 산뜻한 은행서비스도 맛보게 했다.

　금호지점은 어느 정도 초기손실을 예상은 했겠지만 수지개선을 위한

묘책을 찾기란 역시 수월치가 않았다. 수지개선은 접어두고 업무영역 확장 측면에서 북측 하도급 회사에 지불되는 공사비나 자재비를 외환은행 금호지점을 통해 찾아가도록 협의도 해보았으나 수수료 지불문제와 계좌개설에 대한 북측의 부정적인 시각 때문에 여의치 않았다.

남이 시킨 일은 오뉴월에도 손발이 시리다

　대상사업국에서 북측 근로자들의 임금에 대해 불만의 소리가 들려왔다. 그들은 현장에 투입된 북측 보통인부인 경우 일인당 월 110달러는 받을 것으로 기대했던 모양이었다. 그러나 지난 5개월 동안 현장에 투입된 북측 근로자의 평균 임금은 기대 수준에 훨씬 못미치는 것이었다.

　임금 110달러를 지급 받으려면 하루 여덟 시간씩 월 25일은 작업에 참여해야 했는데, 평균 임금이 110달러가 되지 않은 것은 작업시간이 월 200시간에 미치지 못했기 때문이었다.

　그 주된 이유는 날씨 때문이었다. 날씨가 안 좋아 현장에서 일을 할 수 없는 경우에는 필수 인원을 제외하고는 출근을 하지 않게 하거나 일정한 시간만 임금계산에 가산하고 돌려보냈던 것이다. 두번째 이유는 북한의 공휴일 때문이었다. 공휴일에는 우리가 특별히 요청을 하지 않는 이상은 거의 쉬었고, 부족한 근로시간을 채울 만큼 현장 일거리도 많지 않았다. 그리고 북측 근로자들은 연장근로에 대한 욕심도 없었다.

북측 근로자의 임금은 실근무 시간에 대해서만 지급하는 것으로 이미 합의했었기 때문에 이의를 제기하지는 않았으나 불만은 많아 보였다. 그들은 "임금산정 방법은 맞지만 너무 서울 깍쟁이처럼 계산하는 바람에 기본임금도 채울 수 없다. 이럴 바에는 차라리 보통인부들은 현장에서 철수하는 것이 낫겠다"고 했다. 이에 대해 우리는 "합의사항 범위 내에서 임금계산 방법을 개선해보겠다"며 달래는 것 밖에는 별 도리가 없었다.

불편해진 북측의 심기는 근로자들의 출근 태도에서도 나타났다. 날씨가 좋지 않으면 사전협의도 안 한 상황에서 출근률이 저조해졌고, 이유 없이 며칠씩 나타나지 않는 사람이 있는가 하면, 북측이 근무장소를 마음대로 변경해버리는 경우도 있었다. 기능이 필요한 분야에서 몇 개월간 잘 훈련시켜놓은 북측 근로자를 사전 동의도 없이 그들 임의대로 다른 곳에 배치하는 경우에는 우리도 속이 많이 상했다.

한번은 고급기능자로 훈련된 북측 인부 열세 명이 한꺼번에 나오지 못하게 된다고 대상사업국으로부터 통보 받은 적이 있었다. 그 주된 이유는 건강상의 문제, 부부가 직장에 나가는 바람에 노인을 돌볼 사람이 없다는 것, 자기네들의 조직에서 필요한 사람이기 때문에 교체하겠다는 것 등이었다. 그러나 직접 당사자들에게 확인해보니 정작 본인들은 내용을 잘 모르고 있었고, 이유의 진위 역시 확인할 수 없었다. 우리는 현장관리의 어려움을 들어 "이런 일은 있을 수 없는 일"이라며 강력히 항의했지만 결국은 많은 부분이 뒤틀려버렸다. 북측 근로자 관리에서 어려웠던 점 중 하나가 이처럼 임금문제 때문이었다.

남과 북이 합의해놓은 '계약조건'이라는 기준이 있었지만, 세밀한 부분에 들어가면 어느 한 가지도 정확히 맞아떨어지지 않았다. 그러나 지금은 상대를 이해하려는 불굴의 노력과 긴 인내의 시간만이 미로 같은 협의 과정을 헤쳐나가는 유일한 방법인지도 모르겠다는 생각이 들었다.

5개월 여 지나는 동안 북측 근로자들의 직종에 대한 선호도가 나타나기 시작했다. 현장에서 제일 인기 있는 직종은 운전기술을 배울 수 있는 장비 운전직종이었고, 다음이 용접기술을 배울 수 있는 유류탱크 제작 작업이었다.

덤프트럭 운전원의 경우는 70% 이상이 북측 운전원이었는데 여러 가지 재미있는 일이 많았다. 북측 운전원들은 대부분 자기가 배당 받은 트럭만큼은 매우 아끼면서 청결하게 관리하는 편이었다.

운전석에 오를 때면 항상 신발을 벗어들고 타는 운전원이 있었다. 그래서 그의 차는 항상 깨끗했다. 하루는 급한 야간작업이 있어서 남측 운전원이 그 차를 임시로 타게 되었는데, 흙 묻은 신발을 신고 운전하는 바람에 내부를 지저분하게 만들어놓았다. 다음날 아침, 차를 인수한 북측 운전원은 자기 차를 지저분하게 만들어놓았다고 남측 운전원과 한참 입씨름이 벌어졌다.

또 남측 굴착기 운전원이 덤프트럭에 돌을 실어주다가 너무 큰 돌을 싣는 바람에 운전석이 들썩이면서 북측 운전원의 머리가 천장에 부딪히는 일이 일어났다. 전에도 그런 일이 있어 북측 운전원이 조심해 달라고 부탁까지 했던 터라 이번에는 화가 단단히 나서 트럭에서 뛰어 내려와 굴착기 운전원에게 달려들었다. 다른 북측 운전원들까지 합세해 워낙 기세 좋게 고함을 치며 손가락질을 해대자 남측 운전원은 아예 차 문을 닫아걸고 나오지도 못하고 있었다.

마침 내가 그 장면을 목격하고 다가서자 북측 운전원들은 다소 냉정을 되찾는 듯했고, 남측 운전원도 그제야 차 문을 열고 내려왔다. 북측 운전원은 "내가 아픔을 호소하는데도 미안하다는 표시도 하지 않는다"며 또다시 남측 운전원에게 목소리를 높이며 분통을 터뜨렸다. 남측 운전원은 "장비의 소음 때문에 알아듣지 못했다"고 변명했다. 그러자 북측 운전원은 "내가 여기 밥 벌어먹으러 온 줄 아느냐"면서 우습게 보지 말라는 투로 마구 소리를 질러댔다. 그걸로는 부족했는지 굴착기 앞을 가로막고 서서 "너 일 못하고 나 일 못하자 그리고 결판을 내자"며 계속 버틸 기세였다. 내가 나서서 그들을 떼어놓으며 "악한 감정이 있어서 그런 게 아니고, 장비 소음 때문에 의사소통이 안 된 것뿐이니 싸우지 말라"며 화해를 청했다. 북측 운전원은 내친김에 불편한 심기를 한참 더 토로하더니 차에 올라 문을 쾅 닫고서는 다른 곳으로 가서 작업을 계속했다.

유류탱크 제작공사에서는 남측의 나이 많은 용접사들이 북측 근로자들을 데리고 일을 하고 있었다. 추운 겨울 노천에서 하는 용접 작업은 패나 힘든 일임에도 불구하고 호흡을 맞춰서 열심히 하고 있었다. 젊은 북측 근로자들은 나이가 지긋한 남측 용접사들을 '아바이'라고 부르며 성심껏 따랐고, 열심히 배우려는 의지가 엿보여 더욱 좋았다.

그중 한 명은 나와 종씨인 '연안 차씨'여서 만날 때마다 '동생'이라고 불러주었다. 그에게 "용접은 특별한 기술이라 잘 배워두면 나중에 유용하게 쓰일 것"이라고 말했더니 자기도 그렇게 생각하고 있다면서 잘 배워보겠노라고 결연한 눈빛을 던졌다. 여느 북한 사람들처럼 때묻지 않고 겸손하면서도 착해 보이는 그는, 돌아가신 할아버지의 고향이 전주였다는 것은 알고 있었지만 자신의 성씨에 대한 유래나 항렬은 모르고 있었다. 북한에서는 씨족이나 혈통을 찾는 것은 봉건사회의 잔재라고 해서 금기시했으므로 모르는 것도 당연하다는 생각이 들었다.

현장사무실 신축공사에 투입된 북측 근로자들도 젊은 남측 근로자들과 어울려 열심히 일하고 있었다. 쏟아부은 노력만큼 건물이 올라가는 모습이 곧바로 눈에 보이니 일하면서 더 신명이 났을 것이다. 젊은 축에 드는 남북의 근로자들이 모인 터라 서로를 이해해가며 별일 없이 일해나가는 모습이 보기에 좋았다.

현장사무실 전기설치공사에 투입된 북측 근로자들은 처음에는 전기기술을 익힐 수 있다는 데 많은 기대를 가지고 작업에 참여했다. 그러나 주로 플라스틱 파이프 조립작업이나 전선을 깔기 위한 땅파기 등 기대 이하의 단순작업을 하게 되자 점점 흥미를 잃어가는 것 같았다.

12월 중순까지 현장에 투입되어야 할 시멘트가 운송 여건이 나빠서인지 차질을 빚고 있었다. 일주일 전에는 "열차 편으로 강상리역에 도착할 예정"이라더니 며칠 전에는 "함흥에 도착해 있다"고 했다. 그러더니 오늘은 "평양에서 트럭으로 보내려고 준비를 하고 있다"는 것이다. 겨울철인지라 날씨도 춥고 눈도 많이 내려서 운송계획에 차질이 생겼음을 이해는 하면서도, 현장에서는 시멘트 재고량이 나날이 줄어 언제 작업이 중단될지 몰라 불안한 상황이었다.

매일 금호무역회사의 조 선생을 채근하는 수밖에 없었다. 약속했던 날보다 5일이 지나서야 조 선생으로부터 "빠르면 밤에 도착할 수 있다"는 통보를 받았다. 시멘트 300톤이 열다섯 대의 트럭에 나뉘어 실려온다는 것이었다. 그나마 다행한 일이었다. 그런데 시멘트가 몇 시에 도착할지 몰라 하역 인부 구성에 어려움이 생겼다. 조 선생에게 "수량은 내일 확인하기로 하고 우선 하역 인부를 조직해 하역 작업을 해 달라"고 요청했다. 조 선생도 빨리 하역을 하고 트럭을 돌려보내야 하는 입장이므로 쉽게 동의했다.

그런데 하역비를 지난번보다 조금 더 올려 달라고 요구해왔다. 지난번에 합의한 금액은 330달러였으나 500달러는 되어야 한다는 것이었다. 한번 결정한 하역비를 두 달도 안 돼서 변경하는 것은 어렵지 않겠느냐고 반문하면서 "정히 어렵다면 내 사비라도 털어서 주고 싶은 심정"이라며 하소연하듯 말했다. 그때 조 선생과 같이 있던 가격제정위원회 소속의 고 선생이 거들었다. 그는 조 선생을 바라보며 "차 선생과 한번 얘기한 것은 지킨다, 그대로 하자"고 결론을 내렸다.

시멘트는 밤을 넘기고 다음날 오전에 현장에 도착했다. 'IVECO'라는 브랜드 마크가 붙은 대형트럭 열다섯 대가 줄지어 현장으로 들어섰다. 트럭에는 '평양—○○○○'이라고 적힌 번호판이 붙어 있었으며, 차량은 수입한 지 얼마 안 됐는지 상태가 아주 양호해 보였다. 인근 마을 사람들로 보이는 오십 명의 하역 인부들은 트럭마다 십여 명씩 나뉘어 시멘트를 부리기 시작했다. 시멘트 포대에는 '상원 시멘트'라고 찍혀 있었다.

  수량 확인을 위해 100포대씩 나누어 쌓도록 하고 마지막 트럭을 부리고 나니 열한 포가 남았다. 남은 열한 포를 가지고 조 선생과 평양에서 온 운반 책임자 간에 사소한 시비가 붙었다. 조 선생은 물품송장에 6000포를 보내는 것으로 되어 있기 때문에 실어온 것 모두를 내려야 한다는 것이었고, 운반 책임자는 100포씩 쌓은 무더기가 60개니까 남은 열한 포는 공장에서 더 실어 보낸 것이므로 가져가야 한다는 것이었다.

  누구의 말이 맞는지는 이미 부려놓은 시멘트를 일일이 헤아려보기 전에는 알아낼 도리가 없었다. 나중에 확인해서 숫자가 부족하면 조 선생 자신이 책임져야 하므로 조 선생이 더 강력히 자기 주장을 펼쳤으나, 운반 책임자는 열한 포 중 이미 실어놓은 다섯 포를 가지고 현장을 떠났다.

북한에서 맞은 송년과 새해 아침

　12월 하순, 엄청난 추위였다. 온도계는 영하 20도를 오르락내리락했지만 체감온도는 영하 30도는 될 것 같았다. 현장에 서 있으니 머리는 얼어맞은 듯 멍하니 조여오고, 코로 들어온 공기에 가슴이 얼어붙는 듯 답답해졌다. 심장조차도 오그라드는 것 같았다. 비탈진 응달에 선 오동나무는 골바람에 금방이라도 부러져버릴 듯 잔뜩 웅크리고 죽은 듯이 서 있었다. 가히 살인적인 추위였다.
　한 이틀 강추위 뒤, 날씨가 조금 풀리자 물이 고여 있던 매바마을 포전은 아이들의 썰매장으로 변했다. 온 동네 아이들이 다 모였는지 멀리서 보아도 시끌시끌했다. 큰아이들은 외날 썰매, 어린아이들은 쌍날 썰매를 타고 있었다. 썰매는 남쪽 아이들의 것과 비슷하게 생겼는데 앉아서 타기 편하도록 뒷부분을 하이힐처럼 높여 만든 게 달랐다. 노는 모습이나 코 흘리는 모습까지 남쪽 시골 아이들과 하나도 다를 게 없었다.

갑자기 기온이 풀리더니 날씨가 감기를 앓는지 서너 시를 넘기면서부터는 음산한 구름이 하늘을 뒤덮었다. 그러더니 눈이 내리면서 바람이 불기 시작했다. 바람에 실린 눈이 빗살을 그으며 땅에 구르고, 강약을 조절하던 바람은 느닷없이 몰아쳐 군데군데 설구(雪丘)를 쌓으며 지나갔다. 어둠이 깔리기 시작하자 눈은 저 혼자서 내려앉기 시작했다. 눈이 쌓이는 소리는 마치 쓰린 바닷바람을 맞으며 동백꽃잎이 피어나오는 듯 아스라하게 들렸다. 눈 내리는 밤은 포근하다. 이런 밤에 잠을 설쳐 뒤척이는 사람은 없을 것이다.

눈이 무릎 아래까지 쌓인 아침은 눈이 부셨다. 모든 것이 묻혀버렸다. 매바마을 포전도, 어인봉도, 강상리 지나 철둑길도, 솔밭 너머 해변 모래사장까지도 눈 속에 파묻혔다. 밤새 내린 눈은 모든 것을 덮어두고 아예 쳐다보지도 못하도록 강렬한 빛으로 저항했다. 백설의 파노라마였다. 내가 알 수 있었던 것은 동해바다에는 눈이 내리지 않았다는 것과 눈꽃 내린 소나무는 역시 푸르다는 것뿐이었다.

환율이 드디어 2천 원을 넘어섰다. 국내 라디오 방송에서는 온통 경제가 어려워 이러다가 망하는 것 아니냐는 암울한 소식만 들려왔다. 현장에서도 국가 경제의 어려움에 동참하자며 난로 사용 시간을 줄이기로 했다. 강상리 쪽으로 난 큰길에서 두텁지 않은 복장에 등짐을 메고 지나가는 사람이 보였다. 오늘따라 그 사람이 추워 보인다는 생각은 들지 않았다. 오히려 자원이 부족한 나라에서 자연을 극복하며 살아가는 모습이 자연스럽게 느껴졌다.

남대천의 골재 생산도 며칠 전 추위로 작업을 중단했고, 양화항의 화물 운송작업도 눈으로 길이 끊겨 당분간 중단하기로 했다. 12월 24일은 김정일 위원장의 친모인 김정숙의 생일로 금년부터 공휴일로 지정되었고, 12월 27일은 북한의 '헌법절'로 역시 공휴일이었다.

성탄절을 맞아 남측 근로자들이 '소년·소녀가장 돕기 자선의 밤' 행사를 마련했다. 빈 드럼통으로 바비큐 시설을 만들어 닭을 구웠고, 삶은 문어다리와 불고기, 소주 등이 준비되어 나왔다. 뜻 있는 많은 사람들이 20달러씩 낸 자선금은 남쪽의 모금단체로 보내졌다.

옥류관도 연말 분위기로 들떠 있었다. 매점에서는 여러 봉사원들 중에 제일 나이 어린 졸병 봉사원만 매장에 남겨놓고, 안에서 윷놀이를 하는지 웃음소리와 환호성이 교대로 흘러나왔다.

현장에서도 1997년 한 해의 마지막 날을 보내면서 '근로자 송년의 밤' 행사를 가졌다. 재주 있는 목수가 간이 무대를 만들었고, 경수로기획단에서 보내준 대형 스크린이 무대 가운데 자리를 잡았다. 전기기술자가 텔레비전 네 대를 가라오케 반주기에 연결해 곳곳에 배치하자 여느 방송국에서 나와 노래자랑을 열어도 괜찮을 만큼 훌륭했다.

경수로건설공사에 참여한 모든 사람들이 정축년 한 해 동안 있었던 희노애락과 송구영신의 의미를 각자 되새기며 흥겨운 시간을 보냈다. 어느 순간 뒷자리에 쌓아둔 장작더미에 불이 붙여졌다. 우리 모두는 타오르는 불길에 시선을 모은 채, 지나가는 시간이 아쉬워 손을 잡고 〈석별의 정〉을 노래했고, 간절한 염원을 모아 〈우리의 소원〉을 합창했다.

이른 새벽 무인년의 새 아침을 맞기 위해 어인봉에 올랐다. 아직도 어두운 새벽, 산은 길 아닌 길을 열어주었지만, 내가 얻고자 했던 새로운 시작의 의미는 일러주지 않고 있었다. 어인봉 정상, 옅어져가는 어둠 속에서 초조하게 그 답을 셈하며 보일 듯 말 듯한 동해바다로 시선을 던졌다. 바다의 끝과 창공의 시작이 채 나누어지기도 전에, 내가 바라보는 곳이 바다임을 알게 한 것은 고즈넉이 떠가는 작은 움직임이었다. 그 움직임의 정체가 무동력선임을 알게 된 때는, 던져진 시선 끝자락에 구름이 성기게 걸려 있다는 것을 깨달은 시간과 거의 일치했다.

해를 기다렸다. 아니 해가 떠오르기 전, 빈 가슴을 채울 깨달음을 먼저 기다렸다. 기다림의 시간은 지루하고도 아쉬웠다. 아득하게, 시초의 불씨처럼 검붉은 편린이 속눈썹 모양으로 구름 사이를 비집고 나오기 시작했다. 기다릴 여유가 없었다. 층층이 펼쳐진 구름은 봄바람 같은 분홍빛을 흔들어대더니 새처럼 날아오르고자 숨을 들이키고 있었다. 대자연의 창조는 이성을 혼절케 했다. 드디어 해는 붉은 빛으로 솟고 구름은 구릿빛으로 흘렀다. 새 아침이 밝은 것이다. 동해바다의 푸른 물결이 일체 태양 속으로 솟구치다 쏟아졌다. '삶의 의미는 삶 속에서 찾아라 그리고 내려가라' 했다. 장엄한 발광체는 더 이상은 인간들의 시선을 받아주지 않았다.

옥류관 앞에서 북한 사람들이 신년맞이 행사를 하고 있었다. 일곱 자 정도 높이로 보이는 소나무에다 장식을 꾸미고 '축 새해, 주체 87년'이라 쓴 큰 리본도 매달아놓았다. 스무 명도 넘는 사람들이 도열해 있는 가운데, 그중 연장자로 보이는 사람이 앞에 나서더니 일장 연설을 했다. 짐작컨대 '고난의 행군을 거쳐 올해부터는 강행군으로 우리식 사회주의를 더욱 빛내자'는 내용이거나 '총폭탄 정신으로 3대혁명 붉은 기를 쟁취하자'라는 정도의 내용이었을 것이다. 행사가 끝난 뒤 그들은 편을 나눠 배구경기를 했다.

우리 케도 인원들은 설 떡국을 먹은 후 각자 휴식을 취했다. 국내 텔레비전 방송에서는 이곳 경수로현장 소식을 신년특집으로 내보냈고, 매시간 뉴스에서도 북한에 있는 우리들의 근황을 빠뜨리지 않고 전하고 있었다. 국민들의 관심은 우리들을 지탱해주는 큰 힘이었다.

북한 텔레비전에서도 명절 기분을 내고 있었다. 〈명랑무대〉라 이름 붙여진 프로그램에서는, 남자가 가부장적 권위에 젖어 부인을 멸시하다가 나중에 뉘우친다는 단막 희극과 손자가 군대 가서 건강하게 잘 크고 있다는 내용을 익살스럽게 표현한 만담이 방영되어 나름대로 보는 재미가 있었다.

운동을 즐기는 몇 사람과 같이 골프연습을 하러 나갔다. 골프연습장은 숙소 부지 경계선 지역에 있었는데, 모래밭 소나무가 없는 넓은 공터에 타석용 고무판을 깔아 만들어둔 곳이었다. 옥류관과 멀지 않았기 때문에 휴일 날 골프연습을 하다가 목이 마르면 옥류관에 들러 음료수를 사먹기도 했다.

바람이 부는 추운 날씨여서 연습을 오래는 못할 것이라고 생각하며 준비운동을 하고 있는데, 배구경기를 하고 있던 옥류관 지도원 동무가 우리에게로 와서 새해인사를 건넸다. 북한식 인사인 "새해를 축하합니다" 하면서 악수를 나누었다. 그는 우리의 운동시간을 빼앗지 않으려는 듯 서둘러 말머리를 꺼냈다.

"연말은 잘 보냈습니까?"

"예, 송년회를 하느라 늦도록 있었습니다."

"우리도 기타 치며 노래도 부르고, 무도회를 하느라 새벽 두 시까지 있었습니다. 많이들 오실 줄 알고 음식 준비를 많이 했더랬는데 오시지 않아 남게 됐습니다."

우리들이 연말에 옥류관에서 회식을 하지 않은 것이 몹시 아쉽다는 듯이 말했다.

"아, 그랬다면 미안하게 되었습니다. 미리 의사 타진을 해보고 준비했더라면 그런 낭패가 없었을 텐데……."

생각지도 않았던 말을 듣고 조금은 당황스러웠다. 지도원 동무가 돌아가고 우리는 골프연습을 계속했다. 낭패스러운 일이었으나 다행히 이틀 후에 다른 일이 있어 옥류관에서 회식을 가졌다. 빚 아닌 빚을 진 듯했던 마음이 가벼워졌다.

뇌물로 받은 정겨운 캔 커피

　명광무역회사에서 공급키로 한 경유가 운반선에 실려 초대소 앞 바닷가에 도착했다. 약속한 날짜에 맞춰서 정확히 도착한 것이다. 초대소 앞 바닷가에는 작은 고기잡이배를 위해 잔교를 만들어둔 곳이 있었는데, 경유운반선이 정박하기에는 시설이 작아 기상이 나쁠 경우 좌초될 위험이 따르는 곳이었다.
　1차분으로 300톤의 경유가 실려왔으나, 명광무역의 연유소에는 50톤의 저유능력밖에 없었다. 따라서 싣고 온 경유를 부리는 데 많은 날이 소요될 뿐만 아니라, 날씨가 조금이라도 이상하면 양화항으로 대피해야 하는 번거로움이 따랐다. 명광무역의 연유소는 우리 숙소와 발전소 부지로 통하는 길 중간쯤의 솔밭에 위치해 있었는데, 땅을 고르고 그 위에 얹어놓은 기름탱크 세 개와 방 하나에 부엌이 딸린 관리사 한 채가 전부였다.
　정상적인 하역 시설을 갖추지 못한 곳에서 배로부터 육상에 있는 운반차량으로 경유를 옮겨 싣는다는 것은 여간 힘든 일이 아니었다. 많은 북측 사람들이 달라붙어 잔교를 보강하고 위험한 파도와 싸우며 송유 파이프도 설치하더니 결국은 무리라고 판단했는지 열흘 후쯤 경유운반선은 초대소 앞 바다를 포기하고 양화항으로 아예 정박지를 옮겨버렸다. 그 동안 기상이 나빠 경유운반선이 초대소 앞 바다에 좌초되지나 않을까 하고 걱정들을 많이 했는데 다행이었다.

명광무역이 진작부터 양화항을 정박지로 사용할 수 없었던 것은, 양화항 측에서 기름 유출로 인한 항구 오염을 우려해 입항을 거부했기 때문이라고 했다. 북한 사람들의 환경의식 정도를 이해할 것 같았다. 명광무역은 경유를 러시아에서 수입해 우리에게 공급했다. 러시아의 나홋가항에서 경유를 싣고 청진 아래 있는 무수단을 거쳐 양화항으로 들어왔다.

그런데 북측에서 공급한 경유를 사용하면서 문제가 생겼다. 경유에 불순물이 많이 섞여들어 중장비의 연료필터를 막는 바람에 장비가 멈추는 것이었다. 이유는 연유소의 저장탱크가 녹이 슬어 녹 찌꺼기가 경유와 같이 배출되었기 때문이다. 그들에게 노후 저장탱크를 교체하거나 보수할 것을 요청했으나 사정이 여의치 않은지 차일피일 미루기만 했다. 하는 수 없이 우리는 녹 찌꺼기 거름장치를 만들어 연유소에 제공해주면서 관리를 잘해 달라며 거꾸로 부탁까지 했다. 그 뒤로 녹 찌꺼기 문제는 많이 나아졌다.

북한에서는 추운 지방이라 경유도 '동절기용'과 '하절기용'으로 구분해 사용하고 있었다. 동절기용 경유는 영하 18도의 냉동 테스트에서 얼지는 않았으나, 실제로 현장에서는 영하 20도 정도가 되면 경유가 얼어 장비를 가동하지 못한 일이 여러 차례 있었다.

연유소에는 기름때가 묻은 남자 서너 명과 이십대로 보이는 여자 한 명이 근무하고 있었다. 기름때가 묻은 남자들은 어떤 때는 자기들의 잘못을 숨기며 부인하기도 했으나 초기에 발생한 여러 가지 문제점들에 대해 우리가 지적해주면 들으려고 애썼고, 사정이 허락하는 한 개선하려는 노력도 보여주었다.

여성 동무는 식사를 담당하고 있었다. 하루는 그녀가 막 외출을 다녀왔는지 무릎까지 오는 외투에 굽이 높은 힐을 신고 연유소로 돌아왔다. 시간을 보니 얼추 점심때가 되어가고 있었다. 안으로 들어가 급히 작업복으로 갈아입고 나온 그녀는 부엌에서 배를 가른 생선 다섯 마리를 들고 나와 소금간을 쳐 양지바른 곳에 널어두었다. 무슨 생선이냐고 물었더니 그녀는 소금 묻은 손을 털어내며 "이면숩니다" 하고 대답했다. "장작불에 구워 먹으면 맛있겠다"고 내가 대꾸하자 경유탱크를 손질하느라 옆에 있던 기름때 묻은 사나이가 시장끼를 느꼈는지 "입맛을 돋우는 데 좋습니다"며 거들었다. 더 이상은 묻지 않았다. 얘기가 길어지면 서로에게 부담스럽다는 것이 나의 경험이었기 때문이다.

연유소의 시설을 만족할 정도로 개선시킨다는 것은 한계가 있음을 절감하고, 나는 주어진 여건 속에서 어떻게 하면 경유의 질을 높일 것인가에 초점을 맞추었다. 그러다 보니 그들에게 관리를 잘하라며 여러 번 채근도 하고 짜증도 부리게 되었다. 그들도 짜증스럽고 힘든 상황이 많았겠지만, 하루하루 경유의 질이 나아지고 공급 체계도 잡혀갔다.

경유는 우리가 가지고 있던 5톤 유조차로 연유소에서 받아와 현장에 있는 장비에 공급해주게 되어 있었다. 경유를 정확하게 계량할 수 있는 계량기가 달린 유조차는 처음에는 남측 운전원이 두 명의 북측 근로자를 조수로 데리고 다니며 운행을 하다가 나중에 북측 운전원과 근로자에게만 맡겨 운영하게 되었는데, 이 유조차에는 두 가지 큰 의미가 담겨 있었다.

첫째, 명광무역의 연유소에는 계량시설이 없었기 때문에 우리가 인수받은 경유량 측정을 유조차의 계량기에만 의존하고 있었다. 처음에는 북측 근로자들이 계량기를 믿지 않고 줄자로 탱크의 깊이를 재는 등의 방법으로 수량을 따로 확인했으나, 나중에는 우리 유조차의 자동화된 계량시스템을 믿고 계량기에 표시된 수치만으로 정산을 했다. 유조차가 남과 북의 신뢰구축에 소중한 역할을 한 것이었다.

둘째, 북측 운전원과 근로자가 운행하게 된 유조차에는 무전기 한 대가 설치되어 있어서 필요할 때에는 우리와 바로 교신할 수 있었다. "유조차 나오세요" "예, 유조찹니다" "지금 위치가 어딥니까?" "지금 숙소 발전기에 기름을 넣고 있습니다" "아, 예, 지금 현금호 취수장 위치에서 굴착기가 기름이 떨어져 기다리고 있습니다. 와 주시겠습니까?" "예, 지금 발전기 세 대 중 한 대는 다 넣어가고 두 대가 아직 남았단 말입니다. 그러자면 30분은 걸릴 것 같은데 기다리십시오" "유조차, 유조차, 여기가 지금 급한 작업이라 좀더 빨리 와주실 수 없습니까?" "야, 이거, 그러면 발전기 한 대만 채우고 인차 가겠단 말입니다. 십분만 기다리십시오" "예, 대단히 감사합니다" 이처럼 유조차는 남북 근로자간의 실제적인 대화 창구이자 교류 통로로서 매개 역할을 충분히 했다.

한번은 내가 타고 다니던 지프차에 경유를 넣기 위해 유조차를 세웠다. 북측 근로자인 조수가 내리더니 반갑게 인사를 했다. 하고 있는 일에 만족해하는 표정이어서 부담 없이 말을 건넸다.

"하루 종일 기름을 만지면 머리 아프지 않습니까?"

"집에 들어가면 기름 냄새가 온몸에 배어 가족들이 가까이 오지 않습니다. 어른들과 아이들도 밥을 따로 먹겠다고 해서 밥상을 따로 차립니다."

"아내는 뭐라고 합니까?"

"아내도 냄새 때문에 가까이 오지 않습니다."

"그러면 잠자리도 같이 못하고 문제가 많았겠어요?"

"인차 싫다고 헤어질 판입니다."

그는 삼십대 초반의 나이에 미남형의 얼굴에다 밝은 표정을 하고 있었고, 맡은 일에 아주 적극적인 편이었다. 모든 북한 사람들이 이 사람만 하면 남과 북이 어울려 사는 데 별 문제가 없겠다는 생각이 들었다.

경유 2차 공급분에 대한 계약을 위해 초대소에서 명광무역회사의 전 사장과 경리 최옥화 과장을 만났다. 전 사장은 1차분 공급 때 발생한 여러 가지 시행착오에 대해 먼저 사과부터 했다. "1차분 공급 때는 운반시설과 저장시설이 미흡한 상태에서 무조건 납기만 보장하려고 하다 보니 문제가 많았다"는 것을 시인하고, "2차분부터는 질담보를 하겠다"고 했다. 그는 나름대로 동분서주하면서 문제를 해결하고자 노력했던 점을 설명하고 양해를 구했다. 그러면서 장사꾼다운 애기도 빠뜨리지 않았다. "대금지불이 늦고 공급량도 많지 않아 재미가 없다"며 맥빠진 듯이 얘기하길래, "사업이란 초기에 투자가 많이 되고 힘도 드는 것 아니겠느냐"며 받아주었더니, "그건 그렇다"며 고개를 끄덕였다.

나는 준비해간 '2차분 공급계약서'를 내밀면서 이번에는 '품질이 나쁘면 대금지불을 중지한다'는 조항을 삽입했다고 말해주었다. 품질에는 확실히 자신이 있었는지 별 이의 없이 수표를 하자고 했다. 계약서에 수표를 마치고 나자 최옥화 동무가 자기 가방에서 캔 커피 하나를 꺼내 나에게 내밀며 "수고했습니다" 하고 말했다. 자기가 평양 올라가면서 마시려고 준비한 것인데 외제라 맛이 괜찮을 것이라는 말도 덧붙였다. 그녀의 순수한 성의 표시였겠지만, 선물 아니 뇌물처럼 여기고 싶었다. '남이나 북이나 캔 커피 하나의 뇌물로 모든 것이 통했으면 좋겠다'는 생각이 문득 들었다. 나는 북한 사람한테서 처음으로 받은 '뇌물'을 한 손에 쥐고, 다른 손은 그들의 평양길이 무사하기를 바라며 흔들어주었다.

전 사장이 우리에게 했던 말들이 떠올랐다.

"술에 미치고 일에 미친 사람들" "좀 잘산다고 우리를 비틀어서야 되겠는가" "여기까지 와서 (돈은 쓰지 않고) 공기만 마시고 갈랍니까?"

중동에서 건설공사를 담당한 경력이 있고, 현장에서는 경유 공급과 도로보수공사를 담당하고 있는 명광무역회사의 전 사장은 내가 보기에 북한에서는 드물게 사업가의 마인드를 가진 사람이었다. 나와 반년 가까이 실무협상을 하는 과정에서 그는 포기할 것은 과감히 포기하고 얻고자 하는 것은 설득과 때로는 협박으로 어떻게든 얻어내려고 애를 썼다. 나름대로 뒷일을 내다보는 안목과 성사 여부를 판단하는 감각도 가졌고, 밤을 세워 평양과 나진·선봉지구를 드나들며 사업을 돌보는 체력도 가진 사람이었다. 그런 전 사장과 협상을 할 때, 나는 서로의 관점과 생각이 20% 정도만 같다고 보고 나머지를 풀어나가려했다.

현장에서는 남북 근로자들이 함께 일하면서 전혀 예상치 못했던 일들이 수시로 일어나고는 했다. 젊은 남측 근로자가 모처럼 만난 북측 근로자에게 반갑다는 인사로 무의식중에 군대시절 체득한 경례구호를 붙여서 작은 소란이 일어났던 일, 현장 청소를 하느라고 쓰레기 수거용 봉투를 나누어주는 과정에서 무의식적으로 '선물'이라는 표현을 사용해서 곤혹스러웠던 일, 북측 덤프트럭 운전원이 펑크가 난 트럭을 급히 고치고 싶은 마음에 혼자서 중기수리소에 끌고 갔다가 절차를 밟고 와야 한다며 수리를 거절한 남측 정비반장과 돌멩이까지 들고 위협하며 거칠게 싸우던 일.

이러한 돌발적인 상황들은 수면 아래 감춰진 암초처럼 갑자기 나타나 사업을 곤경으로 몰아가기도 했다. 특히 건설현장에서는 제조업과는 달리, 상대적으로 불특정 다수의 사람들이 모여 일을 하게 되므로 사고의 돌발성이 매우 크다. 이에 대해 현장에서 실시했던 사전 예방교육이나 시행착오 치료법은 솔직히 효과 면에서 아직까지는 기대 이하였다.

틈날 때마다 '교시문'을 외우는 사람들

　계절 변화를 구분하는 24절기의 시작인 입춘이다. '입춘 추위에 장독이 깨진다'는 말을 실감이나 하듯이 며칠간 포근했던 날씨가 간밤에 눈이 내리더니 갑자기 추워졌다. 새봄이 시작된다고 하지만 모진 겨울의 끝자락은 결코 예사롭지가 않았다. 이렇듯이 끝을 맺고 시작을 연다는 것은 새로운 생명을 세상에 내보내기 위한 산고처럼 아픔이 따르는 모양이었다.
　먼 산에는 아직도 눈과 얼음이 남았지만, 넓은 들판에서는 인기척이 들려오기 시작했다. 매바마을 사람들이 땅심을 돋우기 위해 객토작업을 하고 있었다. 흙과 짚단을 층층이 쌓아 겨우내 부식시킨 퇴비는 들판으로 실려 나가고, 뜨락또르의 발동기 소리는 봄이 멀지 않았음을 알리려는 듯 온 들판에 울려 퍼졌다.
　한차례 가는 비가 봄을 재촉하는가 싶더니 어느덧 '대동강 물도 풀린다'는 우수가 가까웠다. 매바마을 사람들은 삽과 곡괭이를 들고 나와

논고랑을 쳤다. 한 해 농사 풍년 흉년 알 수 없어도 지극정성 다하면 자연재해 물러가거늘, 어찌 한 해 농사 달려 있는 봄에 일할 때를 놓칠까 싶어 마을 일꾼들이 다 나온 것 같았다. 논에서 흘러나오는 조심성 없는 여인네의 큰 목소리와 웃음소리가 구수하게 들렸다.

기차역이 있는 속후리에서도 농사 준비가 시작되었다. 군데군데 붉은 깃발이 꽂혀 있는 큰길 옆 밭에서는 강냉이 모종을 준비하는지 모종밭에 비닐을 씌우고 어깨 높이 정도로 볏짚을 엮어 방풍막을 치느라 몹시 분주해 보였다. 긴 잠에서 깨어난 논과 밭은 시작된 농사일로 생기를 되찾았고, 그 안에서 움직이는 농심은 바로 우리가 살아가는 본래의 모습인 것 같아 반가웠다.

2월 16일은 김정일 위원장의 생일이었다. 명절 휴일을 맞아 옥류관, 옥류민예사 그리고 3층 합숙소 사람들이 모여 축구경기를 하고 있었다. 축구장을 만드느라 우리가 사용하던 골프연습장 절반을 그들이 차지해버렸다. 전에는 볼 수 없었던 어린이와 청년학생들도 여럿 보이는 것으로 보아 명절이라고 나가 있던 사람들도 모인 것 같았다.

며칠 전 내린 눈으로 미끄러운 곳이 많아 축구경기는 코믹하게 진행되었다. 넘어지고 뒤엉키고 하는 가운데서도 용케 한 친구가 공을 빼내오자, "기영이! 이리 내라, 이리 내라" 하면서 반대쪽에 있던 같은 편 선수가 다급하게 고함을 질렀다. 패스하라는 얘기였다. 다행히 패스를 받아 폼을 잡고 공을 몰고 들어가려는 순간, 언제 골키퍼가 나왔는지 공을 가로챘다. 내가 보아도 골키퍼가 좀 멀리 나와서 잡는다 싶었는데, 공을 빼앗긴 선수 역시 "페날! 페날!" 하면서 심판을 찾았다. 인민모에 오버코트를 걸치고 멀찍이 서 있던 나이 지긋한 심판이 호루라기를 불면서 뛰어와서는 아니라고 손을 내저었다. 프리킥이 선언되었다. 심판의 결정에 선수들도 불만은 없어 보였다.

여자들은 3층 건물 앞 양지바른 곳에 모여 춤을 추고 있었다. 카세트에서 음악이 흘러나왔다. 예닐곱 살 먹어 보이는 꼬마들은 저희들끼리 모여 눈 장난을 치더니 축구경기가 끝나자 행동반경을 넓혀나갔다. 호기심이 발동한 나는 기회를 엿보다가 눈을 뭉쳐 꼬마들에게 던졌다. 곧 반응이 왔다. 꼬마들도 눈을 뭉쳐 나에게 던지기 시작했다. 처음에는 하나둘이더니 나중에는 넷이서 한꺼번에 무차별 공격을 해왔다. 후퇴하는 척하며 물러섰다가 휙 돌아서서 공격을 하니 넷은 뿔뿔이 흩어져 도망을 간다. 다시 꽁무니를 빼니 이번에는 사방에서 몰려들었다. 이렇게 서너 차례 오가는 동안, 춤을 추고 있던 여자들도 동작을 멈추고 응원인지 눈싸움 구경인지를 하느라고 난리가 났다. 남북 최초로 눈싸움이 벌어졌으니 큰 구경거리가 될 만도 했을 것이었다.

이쯤에서 눈싸움을 끝내야겠다고 생각하고, 나는 쫓는 듯 쫓기는 듯하며 세워진 차를 몇 바퀴 돌아서는 제일 어려 보이는 여자아이 하나를 생포(?)했다. 아이는 내게 붙잡히자 놀란 토끼 눈을 뜨고 팔자 입이 되어 울음을 터뜨렸다. 너무 놀랐는지 눈물 없는 울음이었다. 나는 아이를 토닥이며 '뿔 달린 남쪽 도깨비'의 품에서 놓아주었다. 풀려난 아이는 본능적으로 제 어미를 찾아 품에 안겼다. 어미는 웃으며 아이를 달랬다.

북한 아이들과의 한바탕 눈싸움을 마치고 돌아나오다가 옥류민예사

봉사원들과 마주쳤다. 눈싸움을 구경한 그녀들은 나를 보자 "채플린 같았다"고 말했다. 무슨 뜻이냐고 물었더니 묻는 말에 대답은 없고, 대신 옆에 있던 봉사원이 "지난번에 아기 사진 맡긴 선생님 아니세요?"라며 새삼스레 또 인사를 건넸다. 그녀가 나를 희극배우 '찰리 채플린'에 비유한 것이었다. '채플린'이라고 추켜세워준 봉사원들의 성의가 고마워, 같이 간 동료와 합세해 그녀들에게 한차례 더 눈세례를 서비스해주고 숙소로 돌아왔다.

그들은 명절 선물로 돼지고기와 술 두병 그리고 옷 등이 지급되었다며, "통일이 되었으면 선생님들도 받았을 텐데" 하면서 난데없는 아쉬움을 표시했다.

다음날도 북측 근로자들에게는 휴일이었다. 그래서 남측 근로자들만으로 작업할 수 있는 일을 골라 공사를 계속할 수밖에 없었다. 양화항에서는 물자를 실은 6항차 화물선이 하역 작업을 하던 중 휴무로 중단된 상태였기 때문에 현황 파악을 위해 동료 직원과 같이 양화항으로 갔다.

양화항 입구에 도착하니 철문이 닫혀 있었다. 화물이 도착해 있는 동안은 케도용 출입문을 개방하기로 되어 있는데, 문이 닫혀 있어서 우리는 문을 열어 달라는 뜻으로 당당하게 클랙슨을 두어 번 울렸다. 정문 수위실에서도 인기척이 없었다. 하는 수 없이 우리는 걸쇠만 걸쳐진 철문을 열고 안으로 들어갔다. 넓은 수산사업소 내에도 보이는 사람이 없어 우리는 그때가 점심시간임을 깨달았다. 우리가 화물선으로 접근하자 선원이 반갑다며 부두로 내려와서는 하역 상황을 전해주었다. 우리가 잠깐 얘기를 하고 있는 사이에, 보이지 않던 경비병이 달려와서는 선원에게 빨리 배 위로 올라가라고 짜증스럽게 얘기했다. 선원은 허가 없이 국경을 넘은 것이었다.

화물선에는 이상이 없음을 확인하고 우리는 차를 돌렸다. 출입문은 다시 닫혀 있었고, '보위대'라고 새겨진 완장을 찬 사나이가 우리가 탄 차를 가로막았다. 차창을 내리고 이유를 물었다.

"왜 그러십니까?"

"들어올 때, 문이 잠겨 있지 않았습니까?"

그의 목소리에 힘이 돋아나 있었다. 그 순간 우리는 보위원이 무단침입에 대한 시비를 따지자는 것임을 직감했다.

"화물 확인차 왔는데 문은 닫혀 있고 사람은 아무도 없고 해서 열고 들어왔습니다."

나는 호의적인 억양과 표정으로 대답했다.

"허락을 받고 들어갈 일이지 마음대로 문을 열고 들어가면 어떡합니까?"

"아니, 화물이 들어오는 기간 동안에는 출입문을 열어두게 되어 있지 않습니까?"

나도 보위원의 목소리 톤에 맞추어 그의 잘못을 은근히 따지듯이 되물었다. 보위원은 벼르고 있던 화가 발동하기 시작한 모양이었다.

"그렇더래두 열어 달라고 하지 않구서리 열고 들어오는 것은 남의 집에 주인 허락도 없이 들어가는 것과 같은 것 앵이요!"

지독한 함경도 사투리가 쏟아져나오기 시작했다. 맞는 말이었다. 연이어 자신의 행동을 합리화하는 말도 빠뜨리지 않았다.

"근무자가 점심시간에 식사를 하고 있었는데, 근무자가 없었던 것도 아니구서리 경적을 울렸으면 나와서 열어줬을 것 앵이요!"

보위원이 자기 변명을 섞어가며 막무가내로 화를 내자 우습기도 하고 한편으로 이 일로 그가 불이익이라도 당하지 않을까 하는 걱정도 들어 일단은 차에서 내려 사과하기로 했다.

"여하튼 일이 잘못된 것 같으니 정식으로 사과합니다."

나는 손을 내밀고 악수를 청했다. 그러나 그는 팔을 내저으며 물러났다.

"일 없습네다. 차에 올라가 기다리고 있기요."

그러더니 뒤돌아 수위실로 돌아가려 했다. 황당한 기분이었다.

"여보세요, 왜 기다리라는 겁니까?"

"알아볼 것이 있습니다."

"언제까지 기다립니까?"

"모르겠수다. 하여튼 기다리기요."

그 말만을 남기고 보위원은 의기양양한 걸음으로 수위실로 들어가버리고 말았다.

나는 의기소침해져서 차에 들어가 기다렸다. 사람들이 하나둘 나타나면서 무슨 일인가 하는 표정으로 이쪽을 힐끗 쳐다보며 지나갔다. 점심시간이 끝나 다시 사업소로 돌아오는 모양이었다. 기다리고 있자니 점점 약이 오르기 시작했다. '문을 밀치고 그냥 나가버릴까, 그러면 문제가 더 커질 것이고……. 기껏해야 대상사업국을 통해서 정식으로 항의가 들어오는 정도로 끝이 나겠지' 하면서 이리저리 머리를 굴려보았다.

다시 한번 말을 붙여보려고 차에서 내려 수위실로 갔다. 내가 수위실로 다가서자 보위원도 문을 열고 나왔다.

"보위원 동무! 다 알아봤습니까?"

"알아보고 있으니끼니, 차에 올라가 기다리기요."

"저도 바쁩니다, 빨리 알아보고 보내주세요."

"저녁까지 기다리기요."

그는 아예 시간까지 못박아버렸다.

"나는 케도 소속이니까 알아보고 싶으면 대상사업국을 통해서 알아보시고 지금은 돌려보내주세요."

나는 사정하듯이 얘기했다.

"앙이되오, 가서 기다리기요."

그는 홱 돌아서서 수위실로 다시 들어가버렸다. 나도 하는 수 없이 굳게 닫힌 철문을 원망하며 다시 차로 돌아왔다. 우리가 허락도 없이 문을 열고 들어온 것이 괘씸해 보위원이 억지를 쓰고 있는 것이 분명했다. 양화항 매점 봉사원 동무가 수위실 앞을 지나다가 우리가 있는 것을 보고 인사를 했다.

"선생님, 왜 거기에 계십니까?"

나는 그냥 웃으며 손만 흔들어주었다. 그녀는 눈치가 굉장히 빨랐다.

"보위원 동지 단단히 혼내주시라요."

그녀는 보위원과 나를 번갈아 보더니 한마디를 던지고 빠른 걸음으로 멀어져갔다. 조금 있다가 보위원이 우리 쪽으로 걸어왔다. 상황이 끝났음을 직감하고 나도 차에서 내렸다.

"다음부터는 이런 일이 없도록 하기요."

보위원은 근엄한 표정으로 말했다.

"미안합니다. 이것도 인연인데 통성명이나 합시다."

나는 손을 내밀었다. 그는 철문을 열어젖뜨리면서 손까지 흔들어주었다.

문을 나서 큰길로 들어서니 명절 끝이라 평소보다 많은 사람들이 다니는 것을 볼 수 있었다. 얼큰한 낮술을 즐겼는지 술기운에 젖은 남자 몇 명이 만취한 한 사람을 부축해오고 있었다. 얼마나 비틀거리며 걷는지 꼭 내 차에 와서 부딪힐 것 같은, 그래서 또 한바탕 시비가 붙을 것 같은 불안감이 일었다. 다행히 그들을 비켜나가자 일행으로 보이는 또 다른 사람이 비틀거리며 벽에다 실례를 하고 있었다. 적당히 떨어진 뒤쪽에서는 여인네가 손수레에 어린아이를 태운 채 얼굴을 찡그리고 서 있었다. 여인네는 속으로 취한 남정네를 나무라며 쳐다보기 민망한 그 시간이 빨리 지나기만을 기다리는 것 같았다.

───※───

2월 하순으로 접어들면서 북한 사람들에게서 특이한 모습들이 눈에 띄었다. 출근할 때나 작업시간 중에 책을 들고 있거나 보는 사람들이 많아진 것이다. 경수로현장에 근무하지 않는 일반 사람들도 길을 갈 때 책을 든 사람이 많았고, 특히 젊은 사람들은 거의가 책을 들고 다녔다. 초대소나 옥류관의 봉사원들도 시간만 나면 매대나 접수대에 앉아 책을 펴들고 읽고 있었고 노트에 옮겨 쓰기도 했다.

　현장에서 근무하는 북측 덤프트럭 운전원은 굴착기가 흙을 싣는 동안 운전석에서 잠시 기다리면서도 책을 펴들고 읽었다. "금년도 교시문은 예년보다 분량이 많아 외우기 힘들다"며, "4월 15일쯤 발표회가 있는데 그때까지 외워야 한다"고 했다.

　북측 근로자들은 퇴근 후에도 총화와 교시문 학습시간을 별도로 갖는 모양이었다. 그래서인지 전과는 달리 몹시 피곤해했으며 작업 도중 휴식시간에 수면을 취하거나 야간작업도 기피하는 경향이 생겼다. 우리는 얼마 전에 일어난 북측 덤프트럭 운전원들의 차량 전복 사고도 그러한 이유에서라고 판단하고 가능한 한 야간작업을 자제하기로 했다.

봄
선생! 앓지 마시라, 그래야 우리 다시 만날 수 있어

북녘의 봄

강냉이 모종하기요

노력이 긴장됩니까?

도끼목수의 뜻

북에서 본 소떼몰이 방북

선생! 앓지 마시라, 그래야 우리 다시 만날 수 있어

북녘의 봄

　봄이려니 했는데 아직 옷깃으로 스며드는 바람은 차갑다. 지난 가을 단풍잎 붉은 자태가 고왔던 그 산비탈엔, 이제 개나리가 속살을 드러내려고 파릇하게 부지런을 떨고 있었다. '다랑다랑' 꽹과리가 봄을 알리는 소리가 마치 내 고향마을에서 들려오는 것 같았다. 봄은 남쪽에서 올라오고 있는 중이었다.
　작년 방콕에서 열린 항공협정에서 북한이 약속한 영공개방이 실현되었다. 1998년 3월 1일, 홍콩의 여객기가 북한의 동해영공을 통과해 알래스카로 간 것이다. 북한은 영공개방으로 연간 200만 달러의 수입을 올릴 수 있다고 했다. 북한에서 제작된 화차 네 량도 남한으로 인도되었다. 이것은 1989년 현대에서 남북협력사업으로 제작을 요청한 것인데, 9년 만에 결실을 보게 된 것이었다. 봄이 되자 남북교류의 물꼬도 트이는 것 같았다.
　북한에서 3월 8일은 '여성절'로서 '삼팔절'이라 부르는 기념일이다.

강상리역 앞과 초대소에서도 기념행사, 즉 '축제'가 벌어졌다. 이런 저런 일로 참으로 행사도 많았다. 또 행사 때마다 많은 사람들이 모였다. '이곳처럼 작은 시골동네도 이런데 큰 도시에서는 얼마나 많은 사람이 모일까?' 싶을 정도였다.

〈여성은 꽃이라네〉라는 노래가 이곳 저곳에서 흘러나왔다. '여성은 꽃이라네……아내여 누이여 그대가 없으면 나라의 한쪽 자리가 비어 있다는 것을……'이라며 여성이 사회 구동의 한 축임을 얘기하는 노래였다.

3월 중순부터 시작하려던 금호무역회사의 골재 생산작업이 선별기 수리문제로 4월 초에야 시작되었다. 작년 말 여유 있게 생산해둔 골재 재고가 있어 현장작업에는 문제가 없었지만, 생산작업이 정상화 될 때까지 마냥 기다릴 수만은 없어 수리부품 일부를 지원해준 뒤였다.

경수로사업을 위해서 우선적으로 공급한다던 전력도, 이번에는 사정이 여의치 않은지 우리가 발전기와 연료를 빌려주었다. 물론 발전기 임대료와 연료비는 골재 생산비에서 공제하는 조건이었다. 빌려준 발전기는 우리 기술자가 정기적으로 남대천 현장을 방문해 점검해주었고, 그들도 빌린 물건이라 신경 써서 관리했다. 금호의 일꾼들은 노후된 장비들과 싸워가며 4월 한 달 동안 우리가 요구한 수량에 맞추기 위해 일주일 정도의 태양절 휴가를 빼고는 열심히 일했다.

4월 초 어느 날, 안내원과 같이 남대천 골재생산장을 방문하기 위해 만나기로 약속했던 초대소로 갔다. 초대소에서는 식수절을 맞아 건물 주위로 작은 묘목들을 심느라고 분주했다. 접수대에 앉아 있던 아주머니는 나를 보더니 반갑다며 먼저 인사를 건네왔다. 안내원을 기다리는 동안 아주머니에게 말을 건넸다.

"아주머니는 어디에서 사세요?"

"강상리에서 살고 있습니다."

"원래 고향이 여깁니까?"

"북청이 고향인데 남편 따라 이곳에 와서 삽니다."

"북청이라면 더 큰 도시인데 이렇게 시골 와서 살게 되어 억울하겠습니다."

그랬더니, 아주머니는 대답 대신 빙그레 웃고 말았다. 억울하지 않다는 것을 말하려는 듯한데 그걸 설명하려면 전후 사정이 너무 길기 때문에 웃고 마는 것 같았다. 결혼한 지는 십 년이 되었다고 말했다.

"애는 몇입니까?"

"둘인데 큰애인 딸은 열 살이고, 둘째는 아들인데 여덟 살입니다."

"저도 미운 일곱 살 먹은 사내놈이 있는데 아내가 몹시 힘들어하고 있습니다. 애들 키우기 힘들지 않습니까?"

"둘째 애는 남자라고 오냐오냐했더니 버릇이 없어져 힘들었는데, 학교에 다니면서 좀 나아졌습니다."

"시부모님과는 같이 살고 계세요?"

"직장이 멀어 출퇴근이 힘들기 때문에 따로 살고 있습니다. 장차 시누이, 시동생들 다 출가시키고 같이 살아야지요. 시누이는 아직 궁합을 못 맞춰서 미혼입니다."

'궁합'이라는 말이 새삼스럽게 다가왔다. 그렇다면 북한에도 역술인이 있는지 궁금했다. 물어보려는 찰나 안내원이 나왔다. 궁금증을 다 해소하지 못한 채 아주머니에게 인사를 하고 남대천으로 출발했다.

강상리 쪽 큰길가에서는 인민학교 학생들이 나와 큰길 양편으로 꽃씨를 뿌리고, 작은 돌들을 주워 모아 두 줄로 나란히 늘어놓아 화단임을 표시해두었다. 열 살 정도로 보이는 계집아이들이 교복치마를 입고 옹기종기 모여 앉아 화단을 가꾸는 모습이 귀엽다. 삼거리를 지키던 사회안전원은 햇살이 따가운지 솔밭으로 물러나 앉았고, 손에 보따리를 든 처녀 하나가 그 앞에서 공민증이거나 통행증쯤으로 보이는 증명서를 내밀어 보이고 있었다.

앞에서 북측 근로자 두 명이 현장으로 걸어가고 있기에 차를 세워 타라고 했다. 그들은 차를 타면서 미안하다는 표시로 "안됐습니다"라고 인사를 건넸다. "일 없습니다"라고 말하고서 오늘 식당에서의 일을 물어보았다.

"오늘 점심시간에 식당에서 자유배식을 하려고 밥통을 내놓았는데, 왜 거부하고 밥을 배식해 달라고 했습니까?"

"중국 사람들이나 자기가 퍼먹지 우리는 그러지 않습니다."

강한 유교적 사고방식이거나 아니면 평등분배의 사고방식이 뿌리 깊이 박혀 있다는 생각이 들었다. 현장 앞에서 그들을 내려주고 속후리 쪽으로 빠져나갔다.

겨울 동안은 자주 다니지 않던 기차가 지나갔다. '붉은 기호'라고 이름 붙여진 기관차는 객차가 열 량 정도였고, 객차의 창가마다 사람들이 붙어앉아 산이 깎여나가고 건물이 들어서기 시작하는 현장의 모습을 유심히 바라보았다.

　속후리를 빠져나가는 길은 좁았다. 지프차 두 대가 겨우 비켜갈 정도의 좁은 길에 담장과 처마 밑, 대문이 바로 붙어 있었다. 그 좁은 길가를 따라 허리 높이의 흙벽을 쌓는 작업이 한창이었다. 봄 단장을 하느라 도로경계벽을 새로 쌓는 모양이었다. 흙벽은 속후리의 가장 요지라고 보이는 역 앞 이발소건물까지 연결되어 있었다.

　이발소 맞은편에 있는 식당 간판도 봄 청소를 했는지 '어서 오세요'라고 쓰인 빨간 글씨가 유난히 눈에 띄었다. 식당 옆에는 새로운 가게가 문을 열었다. 대여섯 자 폭으로 만들어진 가게는 남쪽으로 말하면 복권을 파는 가판대 정도의 크기였는데, 가게 앞에 놓여진 긴 나무의자에는 주인인 듯한 여인네가 한쪽다리를 접어올리고 앉아 손님을 기다리는 듯했다.

　속후리에서 광천리로 가는 길은 골재 운반차량의 중량에 못 이겨 심하게 훼손되어 있었다. 농민들은 조를 나누어 소달구지에 흙을 싣고 와서 움푹하게 패인 길을 메우고 또 고르고 있었다. 본격적인 농사철이 오기 전에 도로정비작업을 끝내려고 작정한 것 같았다. 흙을 나르고 있는 소달구지 수는 눈짐작에도 스무 대는 넘어 보였다. 북한에서는 매년 봄철이면 '국토관리 총동원기간'으로 정하고 대대적인 군중운동으로 국토관리와 나무심기운동을 벌인다.

　미안한 마음에 나는 천천히 그리고 작업에 방해되지 않도록 조심스럽게 작업구간을 빠져나왔다. 용전리로 들어설 즈음 군인복장을 한두 사람이 봄 더위를 느끼며 걷는 것을 보고 속도를 줄여 비켜나갔다. 차가 다시 속도를 올릴 즈음 그중 한 군인이 차를 세우라고 소리를 지르며 차를 향해 달려오려는 모습이 백미러를 통해 비쳤다. 옆에 있던 군인이 달려오려는 군인의 허리춤을 잡고 제지했다. 그들은 피곤한 걸음을 내 차에 편승시켜보려다가 내 차가 자신들이 타서는 안 되는 케도차량인 것을 알아본 모양이었다.

검문소를 지나 남대천이 가까운 마을에서는 아낙네 서너 명이 개울가 빨래터에 모여 앉아 빨래를 하고 있었다. 개울물은 아직 찰 듯한데도 쌓여 있는 빨랫감으로 보아 손 시림이나 지나가는 사람에 신경 쓸 여유는 없어 보였다. 그들에게 빨래는 노동이 아니라 즐거운 놀이처럼 느껴졌다. 옷이 젖을 새라 다리를 걷어올리고 앉은 여인네의 하얀 허벅지에서는 풀잎 같은 봄내음이 풍겨왔다.

골재생산장에서는 선별기 돌아가는 소리로 시끄러웠으나 사람들은 보이지 않았다. 원석을 실은 트럭이 하천바닥에서 둑으로 이어진 언덕길을 올라서지 못해 모두들 대책을 찾느라 고심하고 있었다. 지배인이 작업자들에게 이것저것 지시를 끝내고 둑 위로 올라왔다. "선별기가 정상가동되기 시작하니까 이제 화물차가 힘이 달려 속을 썩인다"며 안타까움을 표시하는 것이 그의 첫인사였다. "장비를 좋은 것으로 바꿔보라"는 나의 권유에 그는 "지금 투자하기는 힘들고, 그렇다고 봉꼬리 흔들리는 것이 보이는데 그만둘 수도 없어 고민이다"고 했다. 공사가 본격적으로 진행되면 좋은 기계를 가져오겠다는 그의 의지를 읽을 수 있었다.

태양절은 김일성 주석의 생일을 기념하는 북한 최대의 명절이다. 태양절 이틀 전부터 선물 돌리기, 선전간판 설치, 운동회 등으로 분위기가 술렁거리기 시작했다. 뜨락또르에 가득 실린 선물들이 기업소 마당으로 들어가는 것이 보였다. 조금 뒤 사람들이 나오기 시작했다. 라면박스 크기의 선물상자와 4홉들이 크기의 술병을, 남자들은 자전거에 싣고 여자들은 머리에 이고 나왔다. 선물 상자에는 하얀 바탕에 붉은 글씨로 '선물'이라고 적혀 있었고, 북한 사람들의 표정은 밝았다.

자전거도 배급이 되었는지 근래 들어 새 자전거를 타고 다니는 사람들이 많아졌다. 숙소에서 현장으로 통하는 도로에 자전거가 늘어 우리 차량의 주행 속도는 줄어들었다. 간혹 서툰 자전거 운전자를 만나 가까스로 충돌을 면하는 경우도 있었다.

현장에서는 4월 14일 오후부터 16일까지 북측 근로자들의 휴무로 제한작업을 준비했다. 태양절 전날 조선중앙텔레비전에서 방영한 소년단 입단식에서는 어린 소년, 소녀들이 빨간 스카프를 목에 걸고 '당 조직 앞에 사회주의 혁명투사로 자라날 것'을 선서하고 있었다.

4월 15일 태양절, 이른 아침부터 말끔히 차려입은 북한 사람들이 강상리 김 주석의 초상 앞에 헌화를 했다. 기념행사가 끝난 뒤 강상리 인민학교에서는 운동회가 열렸고, 대상사업국 근처의 축구장에서는 인근 기업소 사람들이 모여 축구를 했다. 초대소와 옥류관에서도 각각 소속 단체별로 행사와 운동경기가 벌어졌다. 최대 명절답게 지금까지 본 행사 중 규모가 제일 컸다. 그런 분위기에서 남측 근로자들만으로 작업을 하는 것은 효율성이 떨어져 오후에는 운동과 휴식을 취하기로 했다. 몇몇 사람은 황어를 낚으러 간다며 초대소 근처 개울로 갔고, 나를 포함해 운동을 좋아하는 사람들은 옥류관 앞 노천 골프연습장으로 갔다. 컨테이너 숙소 주위에 화단을 만들어 상추씨를 뿌리고 산에서 꽃나무를 캐다가 옮겨 심느라고 땀 흘리는 사람도 있었다.

옥류관 옆 3층 건물에서는 점심시간이 훨씬 지나도록 북한 사람들의 합창소리가 들렸다. 흥이 날 때는 노래에 맞춰 젓가락장단도 들려오고, 빈 병에 젓가락과 숟가락을 끼워 흔드는 즉석 반주도 흘러나왔다. 대학 시절 자주 하던 장단맞춤이라 친근하게 들렸다. 흥겨운 노래모임에 끼지 못한 몇몇 북한 사람들은 농구골대에 모여 공놀이를 했다. 남쪽 사람과 북쪽 사람이 각각 종목이 다른 공놀이를 하고 있었지만, 한 운동장에서 서로에게 피해가 가지 않도록 배려하는 모습이었다. 나는 속으로 남북 친선경기를 했으면 하는 마음이 간절했지만 그럴 수 없어 아쉬웠다. 땀이 흐를 때쯤 해서 옥류관 매점에서 단물을 사먹었다. "오늘은 왜 춤을 추지 않습니까?" 하고 옥류관 봉사원에게 물어보았더니, "녹음기 상태가 좋지 않아 춤을 못 추게 되었습니다" 하면서 못내 아쉬운 표정으로 답했다.

옆에 있던 안내원에게서 사생활 얘기도 잠깐 들었다. 그는 봉급이 180원인데 50원 정도가 큰애와 둘째의 용돈으로 지출된다고 했다. 용돈은 수시로 주는데 출장을 갈 때는 한꺼번에 주기도 한다면서, 자기가 자랄 때와는 달리 요즘 애들은 씀씀이가 예사롭지 않다고 말했다. 아이들은 용돈을 주로 친구들과 영화를 보거나 군것질하는 데 쓴다고 했다. 그는 또 "어제 저녁에 집에 전화를 했는데, 아내와 애들 키우는 문제로 다투었다"면서 의기소침해졌다. 살아가는 모습은 남이나 북이나 비슷한 것 같았다.

이때쯤이면 북한에서는 '4월의 봄 친선예술축전'이 열린다. 1982년 4월에 시작해 매년 열리는 이 행사에는 외국의 많은 예술공연단체들이 초청되었고, 4월 15일을 전후해서 약 열흘간 북한의 주요 도시에서 공연을 갖는다. 이 기간에는 북한을 찾는 손님들이 많아 비행기 좌석과 호텔 방 구하기가 쉽지 않다고 한다. 실제로 우리 케도 인원들의 부임이나 휴가도 이 기간에는 일정 잡기가 대단히 힘들었다.

북한 텔레비전에서도 연일 축하공연을 방영했는데, 그 중에서도 재미있는 것은 파키스탄 무용수의 배꼽춤이었다. 출연한 무용수의 노출이 심한 복장이나 현란한 춤은 내가 본 사회주의 생활법도나 풍습에는 도저히 부합될 수 없는 것이었는데도 끝까지 방영되었다.

강냉이 모종하기요

며칠간 내린 비로 논두렁 밭두렁에는 파란 싹들이 돋아났다. 신이 난 것은 풀을 뜯으며 이리저리 뛰노는 염소와 양들이었다. 노동에서 은퇴하신 할아버지 한 분이 뒷짐을 지고 가축이 뛰노는 모습을 지긋이 바라보다가 밭갈이하고 있는 젊은 농부에게 간섭하신다.

"가래질 끝나면 아녀자들보고 소쿠리에 거름 담아 뿌리라 하고, 입하 쯤에 강냉이 모종하기요."

강상리 배밭에는 배꽃이 만개했고, 양화고개 산비탈에서는 고등중학교 학생들이 비지땀을 흘리며 묘목을 심었다. 신흥마을은 남녀노소 모두 나와 강냉이 모종을 내느라 호미질이 한창이고, 오매농장에서는 뜨락또르 논갈이가 바쁘고, 매바마을 포전(浦田)은 겨우내 잠겼던 논물을 어떻게 빼낼까 고심하고 있었다. 바야흐로 때는 농심의 계절이었다.

옥류관에는 정옥이, 연실이 그리고 며칠 전 휴가를 다녀온 화선이, 이렇게 셋이서 봉사를 하고 있었다. 평소 계산대에는 새침데기 정옥이가 주로 앉아 있었는데 오늘은 연실이가 앉아 있었다.

"오늘은 정옥 동무가 보이지 않습니다."

"정옥 동무는 개체위생사업 중입니다."

"……아! 청소 중입니까?"

"그렇습니다. 시간이 좀 걸립니다. 화장실에 가서 문 여시면 안 됩니다."

그들은 화장실을 세탁실로 쓰기도 한다. 홀에서 나는 방문객의 소리를 듣고 내실에 있던 화선 동무가 나왔다.

"화선 동무는 오늘 뭘 하십니까?"

연실이가 대신해서 대답했다.

"문화사업 중입니다."

"문화사업이 뭡니까?"

"떼레비 보는 중입니다."

'떼레비 시청=문화사업'이란 등식에 내가 웃을 여유도 없이 연실이가 물었다.

"선생님은 료해사업 나오셨습니까?"

무슨 말인지 몰라 '료해사업?' 하며 되뇌었다. '뭔가를 조사하러 왔느냐는 뜻이구나!'

"아닙니다. 휴식사업하러 왔습니다."

내가 말하고도 우스워 우리는 서로 웃고 말았다.

남한에도 사업의 종류가 많지만 북한에서도 웬만하면 '사업'이었다. 어떻든 우리나라 말은 바로 쓰나 거꾸로 쓰나 뒤집고 엎다 보면 뜻이

통하니 다행이었다.

"연실 동무! '옥류관'의 유래는 뭡니까?"

"옥류관이라는 이름은 수령님이 지어주셨습니다. 평양에는 '옥류관'과 '청류관'이 있는데 옥류, 청류라는 말은 대동강물이 옥처럼 맑고 색깔이 푸르다는 뜻에서 생겼습니다."

깨물고 싶도록 복스러워 보이는 연실 동무. 옥 같은 목소리와 청초한 눈빛 속에 옥류, 청류의 아름다움이 다 담겨 있는 듯했다.

한 잔에 1달러 하는 커피를 주문하면서 대화의 방향을 돌렸다.

"우리 남쪽 선생님들 중에도 총각들이 많이 있는데, 옥류관 처녀, 남쪽 총각이 모여 무도회를 한번 열었으면 좋겠습니다."

"기야(그거야) 좋지요."

커피를 차례로 나눠준 뒤 연실이가 지나가면서 하는 대답이었다. 그 말에 내가 한술 더 떠 걸고 들었다.

"무도회에서 마음 맞으면 결혼도 할 수 있을 거구요."

"통일이 되어야 결혼을 할 수 있갔지요."

"사랑은 국경도, 인종도, 종교도, 사상도 다 초월하는 것 아닙니까?"

"사상이 다르면 결혼할 수 없습네다."

그러면서 이내 연실이의 표정과 목소리가 단호해졌다. 그 이야기는 이쯤에서 그만두어야 했다.

"……연실 동무는 발음이 좀 이상합니다. '으' 발음을 '우'라고 발음합니다. 음악이라고 해보세요."

그녀는 음악을 '움악'이라고 발음했고, 다시 얼굴에 옥류와 청류가 흘렀다.

"연실 동무의 집은 평양 어디에 있습니까?"

"주체거리에 있습니다."

"주체거리라면 휴가 때 가봐서 나도 잘 알고 있는데……. 혹시 연실 동무의 어머니가 아침 여덟 시경 주체거리로 지나가지 않습니까?"

"어떻게 아십니까?"

"그때 내가 보기에는 쉰다섯쯤 돼 보였고, 동무를 하도 많이 닮아서……. 나 정도 인생경륜이면 직감으로 와 닿는 것이 있습니다."

연실이의 표정이 조금씩 바뀌는 것을 보고 사실에 근접해가고 있음을 감지했다.

"그 아주머니는 서른 살 좀 안돼 보이는 아들이 있는 것 같던데……. 오빠는 아직 미혼입니까?"

내친김에 선무당이 되어 한참 앞질러나가 '오빠가 있다'는 단정까지 내렸다. 연실이의 나이를 대략 스물두세 살 정도로 보고 추정한 것이었다.

"예, 오빠는 스물여덟 살이고 종합대학 다닙니다."

연실이의 표정은 반신반의하는 표정이었다. 나는 목소리를 깔고 한 번 더 선무당의 '신기'를 발휘했다.

"연실 동무는 오빠의 소개로 오빠 친구와 결혼하게 되는데, 남편될 사람은 아마도 무역일꾼으로 종사하게 될 것 같습니다. 내가 4년 후 평양 옥류관에 들러 확인하겠습니다."

'아닌 밤중에 홍두깨'라더니 나의 신파극 같은 이야기에 그녀는 머리가 복잡해진 듯한 표정을 지었다.

　잠시 시간이 흘렀다. 내 옆에 앉았던 동료가 잠시 가라앉은 분위기를 띄우려고 남녀간의 사랑이야기를 들려주었고, 이야기 값으로 재미나는 이야기를 소개해 달라고 요청했다. 커피 잔은 다 비워졌다.

　"그쪽에 맞는 그런 재미나는 이야기는 여기서는 없습니다."

　연실 동무는 반사행동처럼 빈 커피 잔을 회수해갔다.

노력이 긴장됩니까?

일하기에 알맞은 계절인지라 현장은 하루가 다르게 변모해갔다. 발전소가 들어설 자리에 있던 산은 뭉텅뭉텅 잘려나갔고, 발전소 부지에 편입된 신흥마을 포전도 절반은 메워져서 큰 평지가 만들어졌다. 현장사무실도 거의 완공 단계에 이르러 5월 말이면 입주가 가능했다.

경수로 공사와 관련된 북한의 고위층인사가 현장을 방문했다. 그는 북한 제일의 철광석 생산지인 무산광산의 생산설계를 담당했던 '전문가박사'와 동행했는데, 그는 전문가답게 현장을 둘러본 소감을 "깨끗이 잘 정돈되어 있고, 산을 깎아내는 토공사도 적절한 방법으로 수행되고 있다"고 말했다. 물론 경수로 공사의 진척상황이 전반적으로 늦어지고 있다는 데 대해서는 별도로 불만을 표시했지만, 현장작업 자체에 대해서는 좋은 인상을 갖고 있었다. 그는 물에 잠긴 매바마을의 포전에 대해서도 걱정을 하며 우리에게 양수작업지원을 요청했다. 그가 우리에게 협조를 요청한 까닭은, 발전소 공사를 하면서 현금호와 포전을 연결하는 순환농수로를 가로막아 포전에 물이 고였기 때문이다.

　농사철이 코앞이라 우리는 현장의 양수기를 총동원해 물을 폈다. 한 이삼 일 도와주면 끝나려니 했는데 철야작업까지 해가면서 일주일이 지나서야 마무리되었다. 우리가 철야작업을 하는 동안에는 매바마을 농민들이 나와서 밤새워 양수기를 관리해주었다. 처음에 양수기 관리 요령을 물으며 하는 말이 아주 재미있었다.

　"노력이 긴장됩니까?"

　"아닙니다, 별로 긴장되지 않습니다. 기름이 떨어지면 채워주고, 밤에 이슬 맞지 않도록 합판으로 덮어두면 됩니다."

　그러면서 덮을 때 사용하라고 합판을 주었다. 그런데 합판이 지저분해 보였던 모양이다.

　"그런 걸로 덮게 되면 문화적으로 보이지 않습니다."

　'문화적?' 다시 웃음이 나왔다. 남쪽에서도 좋은 유행어가 될지도 모르겠다는 생각이 들었다. 그는 다른 방도를 찾아보겠다고 말했다.

　5월 1일은 '노동절'이다. 남북 근로자가 똑같이 쉬는 공통 공휴일인 것이다. 남측 근로자들은 숙소 운동장에 모여 축구시합을 가졌고, 북측 근로자들은 따로 모여 운동경기와 행사를 가졌다. 북측 근로자들은 가족들이 싸들고 온 점심을 먹고 무도회를 가질 예정이었으나 마침 비가 내려 취소되고 말았다.

오락가락하는 비를 벗삼아 우리 몇몇은 초대소 앞 개울로 낚시를 갔다. 남한에서 가져온 떡밥을 미끼로 각자 릴낚시 하나씩을 펼치고 자리를 잡았는데 손바닥만한 숭어 새끼가 몇 마리 걸려들어 지루하지는 않았다. 다리 위쪽에서는 북한 사람이 혼자서 줄낚시를 하고 있었다. 동료 한 사람이 지난 휴일에도 낚시하는 것을 봤다는 것으로 보아 그 북한 사람도 낚시를 꽤나 좋아하는 모양이었다. 우리는 북한 사람이 낚시하는 곳으로 건너갔다. 그는 마침 손바닥 크기만한 숭어를 잡아올리고 있는 중이었다. 북한 사람의 낚싯대는 줄 끝부분에 50cm 간격으로 코르크 공 두 개를 묶어 달고 그 사이에다가 추와 바늘 세 개를 매달아놓은 것이었다. 낚싯대 구조로 봐서 추와 바늘이 깊이 내려가지는 않는 것 같았다. 코르크 공은 찌 대용으로도 사용되었다.

"낚싯대 모양이 특이하게 보인다"며 말을 건넸더니, 그는 "고기의 종류에 따라 낚시 방법이 다르다"고 말해주었다. 맞는 말이었다. 그는 낚시 바늘에서 숭어를 떼내어 대가리를 손가락으로 꾹 눌러 죽인 다음 땅바닥에 모았다. 활어를 좋아하는 사람이 봤을 때는 애써서 잡은 고기를 버리는 것과 같은 것이었다. 그렇게 해서 모인 고기가 열 마리는 되어 보였다. 장비에 비해 작황은 좋은 편이었다.

지렁이 미끼가 다시 바늘에 끼워지고 빈 깡통에 감겼던 낚싯줄은 적당히 풀려 개울에 던져졌다. 성질 급한 숭어는 금방 입질을 해대기 시작했고, 북한 사람은 코르크 공을 주시하며 낚싯줄을 당길 채비에 들어갔다. 긴장감이 감돌았다. 나는 구경 값으로 이번에는 좀더 큰놈이 걸려들기를 내심 바랐고, 북한 사람의 얼굴에서도 이 참에 대어를 낚아

체면을 확실히 세우겠다는 결연한 의지가 보였다. 낚싯줄을 잡은 손에 핏줄이 서는가 싶더니 질서를 잃은 코르크 공 두 개가 앞으로 끌려나오기 시작했다. 나는 눈을 휘둥그렇게 부라린 채 덩치 큰 물고기가 수면 위로 튀어 오르기를 기대했다. 그러나 끌려오는 코르크 공은 점점 힘이 없어 보였고, 언뜻언뜻 모습을 비치던 작은 피라미는 물가까지 끌려와서는 바늘을 버리고 달아나버렸다. 나는 괜히 미안했고, 북한 사람은 쑥스러워했다. 가늘게 오락가락하던 비도 멎었다. 그는 "비가 그친 뒤부터는 물고기가 잘 잡힌다"면서 나에게 자리로 돌아가 고기를 잡으라고 일러주었다.

며칠 후, 강상리 초대소 복지관이 비록 일부였지만 문을 열었다. 작년 7월부터 작업을 시작해 근 10개월 만에 문을 연 것이다. 어림잡아 200평 정도의 면적에 블록으로 벽을 쌓고 목재로 트라스를 짜올리고 함석으로 지붕을 씌운 단층 건물이었다. 여덟 자 높이의 조각목으로 만들어진 현관문은 짙은 갈색에 니스를 발라 중후한 멋이 있었다. 문을 열고 들어서면 오른쪽으로 접수대가 있고, 왼쪽은 창고 같은 작은 방, 이발소, 안마실, 50개 정도의 옷장이 설치된 탈의실, 스탠드 바가 있는 휴게실, 여러 개의 독탕, 대중탕 순서로 배치되어 있었다. 목욕탕은 보일러 시설이 마무리되지 않아 이용을 못하고 우선 이발소부터 영업을 시작했다.

복지관이 문을 연 기념으로 특별한 행사는 없었어도 수많은 북한 사람들이 땀흘려 고생했고, 지난 겨울에는 화재까지 겪었으며, 우리들에게는 전문 휴게시설이 생긴다는 기대감으로 줄곧 주목을 받아왔던 터라 그 의미는 대단했다. 복지관에 대해 내가 느낀 의미는 또 하나 있었다. 북한 사람들 스스로 만든 건축물을, 내 눈으로 처음부터 끝까지 지켜보았던 것이다.

오후부터 이발이 시작되었다. 그 동안 케도 인원들은 간혹 방문하는 함흥 이발사나 손재주 좋은 우리 근로자의 도움으로 이발을 해왔기 때문에, 복지관 이발소는 이발에 갈증을 느낀 사람들로 붐벼 순서를 기다려야 할 정도였다. 이발소 내 정면에 걸려 있는 거울 위에는 '요금표'가 붙어 있었다. '조발 3달러, 면도와 화장 2달러, 안마 1달러, 건발 1달러' 합쳐서 7달러인 셈이었으나 풀코스를 할 경우에는 6달러를 받는다는 설명이었다. 이발은 의자에 앉은 후 요금표에 적힌 종류를 보고 선택하게 되어 있었다.

이십대 후반으로 보이는 여자 이발봉사원 둘은 함흥에서 왔다. 한 사람은 현장에 한 번 다녀간 사람이라 낯이 익어서인지 자연스럽게 우리를 대했고, 다른 한 사람은 남쪽 사람을 대하는 게 처음이라 그런지 다소 긴장된 모습이었다.

초대소 복지관에서 이발을 마치고 나오다 대외봉사국에서 나온 책임자를 만났다. 복지관 문을 열게 된 것을 축하한다며 악수를 청했다. 그는 이전부터 안마실 운영방법에 대해 고민했는데, 드디어 결론을 내린 모양이었다. "마카오나 태국에서 운영하는 방법은 곤란하므로 지압을 잘하는 '남자 안마사'를 데려오기로 했다"는 것이었다.

나는 한때 옥류관 봉사원들이 남쪽 손님들을 쌀쌀맞게 대하는 바람에 가기를 꺼려했던 일을 그에게 상기시키며, "복지관의 봉사원들은 분위기를 부드럽게 만들어 많은 사람들이 찾을 수 있도록 해 달라"고 부탁을 했다. 책임자는 옥류관 건에 대해 이렇게 변명했다. "옥류관에 오는 남쪽 사람들 대부분이 주로 구석자리를 찾고, 간이벽을 막아 보이지 않게 해 달라고 하는 것을 보고 상부에서 출입을 못하게 하는 줄로 봉사원들이 오해를 했었다"는 것이다. 자신을 드러내기 싫어하는 남쪽 사람들의 심성이 그들 눈에는 그렇게 비친 모양이다. 북한 사람들은 식당에서건 어디서건 앞쪽 자리부터 채워서 앉는다고 했다.

도끼목수의 뜻

 5월 중순, 강상리 마을의 살림집 텃밭에는 이른 봄에 씨를 뿌린 채소들이 벌써 한 뼘 높이로 자랐다. 유치원 마당에는 아직 여덟 시 전인데도 아이들이 나와 미끄럼틀을 타느라 북적거렸다. 학교 앞 철길 너머에는 고학년으로 보이는 남자아이가 길어귀를 지키고 서서 여기저기 골목길에서 나오는 아이들을 모아 줄을 세웠고, 아이들이 어느 정도 모이자 제자리걸음 행진을 하면서 합창을 시작했다. '만세! 만세!' 하는 소리가 철길 건너 내가 있는 곳까지 들렸다. 혼자서 어슬렁거리며 학교로 가는 아이는 찾아볼 수 없었다.
 서호촌 가까이 있는 양수장에서는 대형 양수기가 연룡호의 물을 농수로로 퍼올리고 있었다. 물줄기는 수로를 타고 갈아엎은 논을 적셨고, 벌써 물을 댄 논에는 소가 써레질을 시작했다. 올해 농사가 콸콸 쏟아지는 저 물줄기만큼 풍성했으면 싶었다. 조금 더 지나자 고등중학생으로 보이는 많은 학생들이 교사의 인솔하에 어디로 농사일 지원을 나서려는지 패를 나누느라 웅성거렸다.

　화물선이 열한 시경 양화항에 도착했다. 화약, 식품, 불도저 등 화물이 많지 않아 하역이 빨리 끝날 것으로 생각했으나 식품 냉동 컨테이너를 내리면서 문제가 생겼다. 물품검사를 하던 세관원들이 계란에 대한 검역증이 없다고 하역을 못하게 했다. 검역증은 울산검역소에서 발행하는데, 지난번까지 계란은 육류와 함께 실려와서 육류에 대한 검역증만으로 통과가 됐었다. 그런데 이번에는 현장에 육류 재고가 있었기 때문에 계란만 실려오게 된 것이다. "된다" "안 된다" 하면서 한참 동안 실랑이를 벌였다. 계란은 남측 근로자뿐만 아니라 북측 근로자에게도 공급되는 식품이므로 통관시켜 달라고 사정을 했지만 받아들여지지 않았다. 결국 계란은 화물선에 다시 실려 남쪽으로 되돌아가게 되었다.

　그날 하역 도중 화물선 선원이 나무토막 하나를 바다에 버렸다. 그것을 본 세관원이 "쓰레기를 왜 바다에 버리느냐"며 선원을 나무랐고, 선원이 "작은 나무토막 하나를 가지고 뭘 그러느냐"고 대꾸해 시비가 붙었다. "당신네 나라에서는 쓰레기를 바다에 마음대로 버려도 되느냐?"는 것이 세관원의 반문이었고, 반론의 여지가 없는 말이었다. 결국은 선장이 나서서 사과를 하고 시비는 끝났다. 검역증 시비, 쓰레기 투기 시비로 분위기는 저하됐지만 화물이 적었던 덕분에 오후 다섯 시쯤 하역 작업을 완료했다.

　양화항 매점에 들렀는데 며칠새 규모가 확장되어 있었다. 매대 앞 공간에 진열장을 설치하고 여러 종류의 술, 곱돌솥, 말린 버섯, 웅담, 송화가루, 과자 등 많은 것들을 진열해두었다. 옥류관 매점에서 본 것과 비슷한 상품들이었다. 판매원도 바뀌었다. 젊은 봉사원 대신에 옥류관 매점에서 본 아주머니가 와 있었다. 지난번에 근무했던 봉사원들이 마침 짐을 챙겨 나오다가 우리와 마주치고 인사를 했다. 옷을 말쑥하게 차려입고 레이스 달린 흰 모자를 삐딱하게 쓴 모습이 한껏 멋을 부렸다. 가히 이곳 시골의 신여성들이었다.

5월 하순에 들어서면서 발전소 부지 근처에 있는 신흥마을 앞 포전에서는 모내기가 시작되었다. 주민들은 이른 아침부터 포전 입구에다가 붉은 깃발을 내다 꽂고, 선동문구가 적힌 푯말을 세웠다. '모두 다같이 모내기 전투에로!' '평당 포기 수와 포기당 대수를 지키자!' '농사 기계를 잘 관리하자!' 등의 문구가 적혀 있었다. 마을 앞쪽에서부터 수십 명의 농부들이 허리를 구부리고 열심히 모를 심어 나왔다. 모를 심는 이들은 전부 여자였다.

넓은 들이 선머슴 밤송이 머리처럼 파릇하게 변해갔다. 비로소 대지가 생명을 얻은 것처럼 보였다. 어머니인 대지는 생명을 보듬어 안고 키워낼 것이다. 그것을 믿는 사람들은 또다시 땅에 허리 굽혀 생명을 심을 것이다.

발전소 자리 맞은편 야트막한 산에 정수장 시설이 완료되었다. 마무리 작업으로 남측 근로자 한 명과 북측 근로자 두 명이 한 조가 되어 울타리를 설치하고 있었다. 출입문의 기둥을 세우기 위해 남측 근로자가 눈대중으로 위치를 잡아 표시하자 북측 근로자가 하는 말이 "도끼목수 일하는 것 같다"고 한다. 무슨 말이냐고 물었더니 "목수가 도끼로 대충

다듬어도 잘 맞아 들어가듯이, 대충하는 것 같아도 잘 맞아 들어간다는 뜻"이라고 했다.

정수장이 들어서는 바람에 주위에 있던 사과밭이 구실을 못하게 되었다. 발전소 부지에 편입된 지역이라 어차피 없어질 사과밭이었지만 7월에 첫 수확을 앞두고 있는데 미리 사람손부터 타게 생겼으니 마을 사람들은 어지간히 걱정이 되었던 모양이었다. 사과나무를 돌아보던 농부는 내가 지나가자 "사과가 남아나겠는가?" 하며 걱정스레 물었다. "경비를 서는 것이 좋을 것 같습니다"라며 우스갯소리로 얘기했는데, 그 농부 아저씨는 피식 웃고 말았다. 그후 마을 사람들은 사과가 채 영글기도 전에 다 따내버렸다. 우리 일꾼들이 사과를 따먹을 것이라 오해를 한 모양이었다. 그때 내가 농부에게 경비를 서라고 한 말이 의미가 다르게 전달된 것 같아 후회스러웠다.

정수장 아래쪽에는 공사가 완료되자 빈터가 드문드문 생겼다. 마을 사람들은 터를 놀리기가 아깝다며 밭을 일구었다. 러닝 셔츠 차림의 아저씨, 어린아이를 옆에 앉혀놓고 밭을 매는 아낙네, 쪼그리고 앉아 호미로 밭을 매다가 장비 작업이 신기한 듯이 쳐다보고 있는 할머니. 그들은 한 가족인 것 같았다. 러닝 셔츠 입은 아저씨는 발전소 부지 내에서 경작을 하는 것이 마음에 걸렸는지 "콩을 심어도 되겠느냐"고 물었다. "당장은 시설이 들어서지 않으므로 괜찮을 것"이라고 했더니 마음이 놓였는지, "콩이 익으면 맛을 보여주겠다"고 했다.

가는 비가 오락가락하는 휴일 오전, 동료들과 옥류관 앞 골프 연습장에 나갔다. 옥류관 봉사원들이 보따리에 음식을 싸들고 호남리 쪽으로 넘어가는 모습이 보였다. 부대 위문을 가는 모양이었다. 옥류관 문이 닫혀 민예사 상점으로 가서 음료수를 사먹고 유화 그림을 구경했다. 풍경화 하나를 골라 가격을 물어보니 옥류민예사 실장의 그림이라고 소개하며 150달러를 불렀다. 100달러로 깎아 달라고 했더니 정해진 가격이라 깎을 수 없고 대신 100달러에 자기가 똑같이 그려주겠다고 했다. 똑같이 그린 그림이 내 마음에 들지 않으면 서로가 낭패니까 내가 제시한 금액을 잘 생각해보라고 했다.

점심시간쯤 되어서 옥류관 봉사원들이 돌아오고 우리는 점심으로 동태찌개를 시켰다. 오늘따라 봉사원이 꽤나 싹싹하게 나오며 "선생님, 오늘 건강이 좋지 않으신 것 같습니다" 하고 물어왔다. 전에는 공이 멀리 솔밭까지 갔는데 오늘은 얼마 나가지 않아 떨어졌다는 것이다. '피칭'이라는 것을 설명해봐야 그렇고 해서 "건강이 안 좋으니까 찌개나 맛있게 만들어 달라"고 했다.

이 참에 봉사원에게 "어떤 신랑감을 원하느냐"면서 말을 걸었다. 자기는 나이가 스물세 살인데 신랑감은 '평양 사람'으로 스물일곱 살 정도, 키는 본인이 158cm이지만 172cm 정도면 되고, 외모는 곱게 생긴 사람이면 좋다고 했다. 북한에서 '평양 사람'이라는 조건은 남한에서 '서울 사람'이라고 할 때의 출생지를 의미하는 것과는 다르다. 평양이 '당성'이라는 정치적 기준에 따라 분류된 핵심 계층이 모여 사는 도시라고 보면, 봉사원이 원하는 신랑감의 조건으로서 '평양 사람'이란 모든 것이 보장된 제일 중요한 조건이지도 모르겠다. "현장에서 일하는 북측 근로자 중에 신랑감을 한번 물색해보겠다"고 했더니 싫은 내색은 하지 않았다.

다시 옥류민예사에 들러 내가 제시한 가격에 대해 생각해봤느냐고 물었더니 곤란하다고 했다. 옥류민예사에서는 각자가 그린 그림을 평가심의회에 보내면 고유번호와 함께 적정 가격이 정해져서 내려온다고 한다. 적정 가격에서 10% 정도는 융통성이 있지만 30%씩이나 깎아버리면 중간에서 판매하는 사람이 농간을 부린 것으로 생각한다며 난색을 표명했다. 그림이 팔리고 나면 팔린 가격을 다시 보고하여 그 실적에 따라 평가를 받는 것 같았다. 나는 귀국할 때 그 그림을 125달러에 사 가지고 왔다. 조명남 씨의 작품으로 대동강 상류의 가을 풍경을 그린 가로 85cm 세로 55cm 크기의 유화였다.

5월 말 단오, 청명가절로 일년 중 양기가 가장 왕성한 날이며 모내기를 마치고 풍년을 기원하는 제사를 올리는 날이다. 북한에서는 명절로 정해진 휴일이었으나 북측 근로자들은 현장에 나와 작업을 했다. 논밭에서는 농민들이 얼마 남지 않은 모심기와 밭갈이 작업에 모두가 바쁜 모습이다. 강상리 유치원에서는 어린 여자아이들이 하얀 무용복을 입고 마당에 모여 선생님을 따라 율동을 배우고, 코흘리개 남자아이들은 미끄럼과 그네 타기를 하면서 놀고 있다. 농번기여서인지 유치원에서는 오후 늦게까지 아이들로 북새통이었다.

6월 1일은 '국제아동절'로 남한에서의 '어린이 날'과 같다. 은행 앞에 가꿔놓은 화단에 거름을 주느라고 북측 근로자 두 명이 썩은 짚단을 구해와 뿌리고 있었다. 한 친구는 서른두 살인데 이제 대학 가서 공부하고 그 뒤에 결혼하겠다며 나름대로 인생 설계를 하고 있는 사람이었다. 며칠 전 옥류관 봉사원과 했던 얘기가 생각이 나서 그들에게 옥류관 아가씨를 소개해주겠다고 했다. 그들은 옥류관 아가씨들은 벌써 다 임자가 있을 거라며 내숭을 떨었다. 내가 알기로는 그렇지 않다고 하고서는 옥류관 봉사원이 말했던 결혼 상대자의 조건을 얘기해주었다.

　그 친구들은 내 얘기를 듣고 있다가 내가 봉사원과 가까운 사이인 모양이라며 전혀 예상 밖의 의문을 던졌다. 왜냐고 물었다. 여자들은 보통 결혼 상대에 대한 조건을 적어도 삼촌뻘 되는 가까운 사이에만 얘기해준다는 것이었다. "옥류관에 여러 번 밥 먹으러 다니면서 얻어들은 얘기를 종합해 조건이 맞을 만한 사람에게만 특별히 알려주는 것이니 고맙게 생각하라"며 둘러댔다. 그랬더니 북한 총각은 "희극배우 같다"며 나를 보며 웃었다. 지난 겨울 "찰리 채플린 같다"는 말을 들었던 나는, 졸지에 또 한번 '웃기는 사람'이 되어버렸다.

　평소에 나를 과묵한 사람으로 봐왔는데 이렇게 엉뚱한 말을 하는 것이 놀랍다는 것이었다. 과묵한 남자가 좋은 것 아니냐고 했더니 맞는 얘기라며 맞장구를 쳐왔다. 적당한 날 옥류관에 물건을 사러 같이 들어가 봉사원과 상면할 수 있는 기회를 한번 만들어보자고 모의하고 현장으로 돌아왔다. 그 친구는 벌써 마음속으로 정감을 느꼈는지 두 팔을 치켜들고 몸을 비비꼬고 있었다.

다음날 먼지를 날리며 흙을 실어 나르던 토공 작업이 오후부터 내린 비로 중단되었다. 마침 초대소 복지관의 목욕탕이 문을 열어 장비 운전원들은 목욕을 한다며 복지관으로 갔다. 요금은 대중탕이 3달러, 독탕이 5달러였고, 영업시간은 아침 여덟 시 반부터 저녁 여덟 시 반까지인데 정해진 시간 내에만 들어가면 밤 열두 시까지 있어도 된다고 했다. 목욕을 마친 사람들은 스탠드바에서 맥주도 한잔씩하고 나왔다. 남한에서처럼 좋은 목욕시설은 아니어서 조금은 실망한 표정들이었다.

이발소에는 지난번에 와 있던 함흥 이발사는 돌아가고 평양에서 온 이발사 두 명이 있었다. 이발비를 깎자는 농담에 "돈이 없느냐?"고 묻고는 "일을 열심히 해서 돈을 잘 벌지 그랬느냐"며 충고를 해왔다. 별 뜻 없이 던진 농담이 부메랑이 되어 돌아와 자존심을 건드릴 줄은 몰랐다.

6월 6일은 '육육절'로 부르는 '조선소년단 창단일'이다. 평양의 '만수대 종합예술단'이 강상리를 방문했다. 정오 공연시간에 맞추어 사람들이 하나둘 역 앞으로 모여들었다. 공연단은 만수대예술단, 피바다가극단 등에서 두세 명씩 차출되어 나왔다고 했다. 개막 인사가 끝나자 남자 가수가 나와서 노래를 불렀다. 역 앞 광장에 마련된 무대 주위로 사람들이 빽빽이 둘러앉았고 좌측 상점 계단과 창문에까지 사람들이 매달렸다. 극성인 남자아이 둘은 전신주 위에 올라가 높게 자리를 잡았다. 모인 사람들은 오백 명은 될 것 같았다. 오른쪽에 있는 리당 사무실(지역 단위의 로동당 사무실)쯤으로 보이는 곳은 공연자들의 대기소로 활용되었다.

우리는 역 앞 둔덕에 자리를 잡고 서서 구경했다. 관리인이 나와 무대 주위에서 일어서서 구경하던 사람들에게 뒤쪽에서 보이지 않으므로 앉아서 구경하라는 주의를 주었다. 사회자는 말을 아주 빨리 해가면서 관중들의 폭소를 유도하고, 출연자를 소개했다. 사회자의 말이 빨라 잘 알아들을 수는 없었지만 "여기 모인 금호지구 노동자들은 일 욕심만 많은 줄 알았더니 노래 욕심도 많아 좋은 노래가 나오면 아낌없이 재창을 요청한다"며 분위기를 돋우었다.

남자 가수와 여자 가수가 번갈아가며 나와서는 노래를 두세 곡씩 불렀다. 구경하는 사람들은 박수로 장단을 맞추기도 하고 노래가 끝나면 어김없이 "재창이요" 하며 함성을 질렀다. 민요조의 노래를 부르던 가수가 청중 가운데 여자 한 명을 불러내 춤을 추게 했다. 한복을 입은 여성이 거침없이 무대로 나와 가수와 함께 춤을 추는 모습이 아주 자연스러웠다. 안내원이 "민요조의 노래를 부른 가수는 1990년에 서울을 방문하여 공연했다"고 설명해주었다.

노래 사이사이에 교예공연과 만담이 있었다. 여자 교예단 한 명이 의자 위에 누워서 발로 항아리를 굴렸다. 큰 탬버린 같은 것을 굴릴 때는 바람 때문인지 실수를 하여 떨어뜨렸다. 교예원이 실수를 하자 우리 옆에 있던 관중들은 안타깝다는 듯이, "바람이 부는 야외에서는 대단히 어려운 기술"이라며 교예원의 실수를 두둔했다. 남자 교예원은 짧고 둥근 쇠파이프를 눕히고 세워가며 여러 개를 쌓은 후에 그 위로 올라가 중심을 잡는 묘기를 보여 관중들을 긴장하게 만들었다. 공연을 관람하고 있던 우리 케도 인원들 중에는 의무실의 여자 간호과장도 있었다.

간호과장은 쉰이 훨씬 넘은 왜소한 체격의 수수한 여성이었다. 주위에 있던 강상리 주민들은 남한 여성을 처음 보는 터라 수시로 곁눈으로 바라보았고, 뒤에 선 젊은 북한 여성들도 유심히 살펴보는 눈치였다.

공연이 한창 무르익어가는데도 어린 꼬마녀석들은 자기들과는 상관없다는 듯이 한 놈은 땅바닥에 엎어져 있고 또 한 놈은 그 위에 올라타서 뒹굴었다. 그러다가는 돌을 주위들고 우루루 몰려가더니 길가에 서 있는 간판을 향해 던지기 시작했다.

사회안전부 요원들도 주위에 서서 구경을 했다. 부하로 보이는 요원이 어떤 아저씨를 상사에게 데리고 와서는 누구누구의 삼촌이라며 소개했다. 소개를 받은 사회안전원은 "그러십니까?" 하며 인사를 받았다. 아저씨는 "조카의 편지를 가지고 일부러 왔다"며 서두를 꺼냈다. 아직까지 북한에서는 편지가 주요 통신수단인 듯했다. 공연 구경을 하느라 어느새 두 시간이 흘렀다. 출연자들이 모두 무대로 나와서 '천만이 총 폭탄 되어……'라는 노래를 합창으로 부르고 공연은 끝이 났다. 북한의 공연 예술인들은 이렇듯이 일년 내내 전국 각지를 돌아다니며 위문공연과 선전활동을 펼치느라 바쁘다고 했다.

북에서 본 소떼몰이 방북

6월 상순이 지날 무렵, 현금마을 포전에서는 모내기 마무리작업이 한창이었다. 현장과 경계를 이룬 길에다 쩌온 모를 올려놓고, 가마니에 막대기를 끼워 만든 들것에 모를 담아 날랐다. 지나가면서 "수고하십니다. 한 이틀 더하면 모심기도 끝이 나겠습니다" 하고 인사하니까, "예" 하며 목례를 한다. 마침 아낙 대여섯이서 소쿠리를 머리에 이고 지나간다. "참 먹을 시간인 모양이지요?" 했더니, 지나가던 아낙 중에 맨 뒤에 가던 이가 "돼지고기도 있고~오" 하면서 적어도 한 옥타브는 높은 음정으로 신명을 냈다. 남한의 농촌사람 표정 그대로였다. 건너 논배미에서 못줄을 잡은 나이든 남자가 아낙들을 보자 빨리 오라며 소리를 질러댄다. 잠시 한눈을 판 아낙들은 한마디 더하고 싶은데 갈 길이 바빠 참는다는 듯, 둥글고 불그레한 얼굴로 뒤를 한번 돌아다보고는 가던 길을 재촉했다.

마을에 설치된 앰프에서는 논밭 일을 독려하는 선무방송이 시끄럽게 들려왔다. 오후에는 햇살이 잠시 숨으면서 여우비도 내렸다. 농사철에 비가 자주 내리니 올 농사는 잘 될 거란 생각이 들었다. 하지만 연일 일기예보에서 엘리뇨 현상은 급격히 쇠퇴하고, 다시 라니냐 현상이 발생해 또 다른 기상 이변이 예상된다고 하니 걱정이었다.

신흥마을 포전에서는 농장작업반원들이 논두렁에 모여 앉아 반장으로부터 작업지시를 받고 논으로 들어갔다. 삼십여 명의 여자들이 나란히 줄지어 김을 매느라 허리를 굽히고 전진해온다. 근처 작업장에서 일하는 남측 근로자가 나타나자, 그들은 일제히 '뒤로 돌아' 자세를 취하면서 다시 후진해왔다. 똑같은 검은 바지를 입고 허리를 굽힌 여인네들의 뒷모습이 장관이었다. 근처 작업장에서는 오후에 콘크리트 작업이 있었다. 레미콘이 현장에 도착하자 일하던 작업반원들이 약속이나 한 듯이 일손을 놓고 가까운 논두렁으로 우루루 몰려나와 신기하다는 표정으로 구경했다. 레미콘 드럼이 빙빙 돌면서 콘크리트가 쏟아져 나오는 모습이 이곳 시골 사람들에게는 좋은 구경거리인 모양이었다.

논두렁에 팔을 걸치고 엎드리거나 비스듬히 기대앉은 한 무리 젊은 여성들을 보는 순간, 지리산에서 많이 활동했다는 빨치산의 이미지가 떠올랐다. 하필이면 빨치산이 떠올랐을까? 나 스스로도 이해가 되지 않았다. 혁명과 투쟁을 배우고 생각하며 살아온 그들 삶의 잔영이 내게 투시된 것인가? 아니면 이른바 '레드 콤플렉스'라는 것인가? 뭔지는 모르겠지만 내가 떠올린 첫인상이 나 스스로 생각해도 무척 부자연스러운 것이었고, 극복해야 할 잠재의식인 것 같았다. 그들은 일손을 놓은 채 한 시간 가까이 자기들끼리 떠들어대며 레미콘 돌아가는 모습을 구경했다.

 6월 하순 일요일, 동료들과 운동을 하고 옥류관에 들렀다. 계산대에는 새침데기로 알려진 봉사원 정옥이가 앉아 있었다.

"정옥 동무는 장래 희망이 뭡니까?"

쉽사리 대답을 하지 않았다.

"옥류관 지배인입니까?"

"……"

역시 시큰둥했다. 그것은 아닌 모양이라고 생각되어 우회적으로 물었다.

"평양 옥류관에 여자 지배인도 있습니까?"

그제야 그렇다는 대답이 나왔다.

"내가 보기에 정옥 동무는 인민학교 선생님이 장래 희망 같은데……."

나는 다시 선무당 행세를 했다. 그랬더니 정옥 동무의 표정이 바뀌었다.

"어떻게 그렇게 잘 아십니까?"

다행히 정확하게 맞춘 것이다. 얼굴에 그렇게 씌어 있다고 했더니 그제야 말문이 트였다.

"어렸을 때부터 인민학교 선생님이 꿈이었습니다. 지금이라도 직업을 바꾸자면 바꿀 수 있지요."

그녀는 희망을 버리지 않고 있었다. 어떻게 바꾸는지는 모르겠지만 여하튼 방법은 있는 모양이었다. 북한에서는 교사가 여성들에게 꽤 인기 있는 직업이다. 많은 여성들이 교사직에 지원하는 까닭에 경쟁률이 상당히 높고 교사가 되려면 성적이 우수해야 한다고 한다.

점심식사로 두부찌개를 시켰다. 음식을 가져온 봉사원과 얘기를 나누다 '가위 바위 보' 이야기가 나왔다. 북한에서는 줄여서 '가위 주먹'이라고 하는데 보통은 '돌가보'라고 부른다. 이곳에서도 '꾸찌빠' 놀이라고 있는데, 두 사람이 '가위 주먹'을 해서 이기는 사람이 먼저 '돌가보' 중 하나를 내면 진 사람은 다른 것을 내야 한다. 같은 것을 내면 지게 되는데 지면 벌로 꿀밤을 맞든지 손목을 두 손가락으로 맞아야 한다. 남한에서 하는 '묵찌빠' 놀이와 같은 것이다.

봉사원은 '꾸찌빠' 놀이의 전문가였다. 우리 동료 몇 사람과 시합을 했으나 번번이 우리가 졌다. 봉사원은, 먼저 낼 기회가 되면 시간을 주지 않고 바로 내밀어, 상대가 선택할 겨를도 없이 반사작용으로 따라오게 만들었다.

봉사원에게 물어보았다.

"이렇게 사소한 '가위 바위 보' 놀이도 부르는 명칭이 달라 서로 이해하기가 어려운데, 통일이 되면 어려움이 더 많아 힘들지 않겠어요?"

그러자 봉사원은 간단하면서도 시원하게 대답했다.

"서로가 배우면 되지 않습니까?"

"어릴 때부터 몸에 밴 생각과 습관을 고치려면 또 오랜 시간이 필요하잖아요. 아무래도 통일은 힘들 것 같은데요."

그러자 봉사원이 즉각 반론을 제기했다.

"그래서 양쪽 국가체제는 그대로 두고 나라만 하나로 통일하면 되는 것이지요."

북한에서 주장하는 '고려민주연방공화국' 통일방안으로 남북의 상이한 체제를 그대로 둔 '1민족 1국가 2제도 2정부' 형태를 말하는 것이었다. 사실 구체적인 통일방안에 대해서는 나 자신이 잘 모르고 있던 터라, 식당 봉사원에 불과한 그녀의 통일 논리에 내심 놀라면서, 더 이상은 논쟁으로 번지지 않도록 대화를 다른 방향으로 돌렸다.

　식사를 마치고 돌아오는 길에, 동료의 생일을 축하하기 위해 만들어 달라고 부탁해두었던 케이크를 찾았다. 이곳에서는 케이크를 '똘뚜'라고 부른다. 옥류관에 억지로 맡기다시피 해서 특별히 제작된 똘뚜는 40달러짜리였다. 그들은 큰 것은 100달러 작게는 40달러로 범위를 정했는데, 비싸다 싶어 40달러짜리를 주문한 것이었다. 더 작은 것은 원가가 맞지 않아 만들지 않는다는 말을 듣고 부르는 가격이 이해가 되었다. 케이크의 크기는 직경이 30cm 정도인데 재료를 구하기가 힘들어서인지 크림 대신 마요네즈를 발라두었다. 빵은 딱딱한 편이었으며 초콜릿으로 '축 생일'이라고 흘림체로 멋을 한껏 부려놓았다.

　계산대에서 돈을 지불했다. 봉사원은 읽고 있던 책을 덮고 돈을 받았다. 책 표지에는 《주몽》이라고 제목이 적혀 있었다. 북한에서 사상교육의 일환으로 펼치고 있는 '위인 따라 배우기 운동'의 하나인 모양이었다. 내가 책을 펼쳐보려 하자 봉사원은 안 된다며 책을 내려놓았다.

　북한 텔레비전에서 제16차 축구 세계선수권대회, 즉 월드컵 경기를 녹화방영했다. 카메룬과 오지리의 경기였다. 경기해설에서는 '슛'과 '골인'을 제외하고는 영어 표현이 없었다. 거의 모든 용어를 조선말로 바꾸어놓아 이해하는 데는 좀 생소했다. "협동이 어떻게 이루어지는가

(팀웍), 두 선수간의 결합이(패스), 먼 거리에서 대담한 차넣기(롱슛), 좋은 위치에서 볼 차기 기회를 맞았는데 앞에 담벽이 있기 때문에(프리킥), 몰기를 할 때 공이 금 밖으로 나가(골라인 아웃)" 등이었다. 방영 도중 성적을 자막으로 내보내면서, 각 조별로 4개 팀의 나라 이름과 성적이 나왔지만 한국이 속해 있는 5조에서는 한국을 뺀 3개 팀만 소개되었다. 한국이 참가한 월드컵에 대해 북한이 어떤 반응일까 궁금했었는데, 결국 한국팀의 참가 자체를 알리지 않았다.

경수로 부지에 포함된 일부 자투리 논은 아직 흙으로 메워지지 않아 잡초들만 무성하게 자랐다. 그곳에 농민들이 아침 일찍 누런 황소 세 마리를 묶어두었다. 농번기에 고생한 소가 풀을 뜯으며 쉬고 있는 모습이 한가로워 보였다. 곁에서 염소를 먹이던 노인은 부지 경계 내에서 염소를 풀어놓은 것이 미안했는지 "논에 모를 다 심어놔서 염소 풀어놓을 곳이 없다"며 미안해하는 표정으로 양해를 구했다.

북청 쪽으로 올라가던 화물열차의 바퀴에 불이 붙었다. 화물열차는 우리가 만들어놓은 건널목을 조금 지나서 불을 끄기 위해 정지했다. 날씨가 뜨거운데다가 바퀴에 그리스(윤활유) 주입이 안 되었는지 마찰열로 인해 불이 붙은 것 같았다. 기관사가 달려오더니 옷 같은 것으로 능숙하게 불을 끄고서 기차는 아무 일 없었던 듯 다시 미끄러져갔다.

6월 16일에서 23일까지는 정주영 현대그룹 명예회장의 방북이 있었다. 북한에서 시청한 남한 텔레비전 방송에서의 '소떼몰이 방북' 사건은 감격을 넘어 복음의 메시지처럼 들렸다. 남북이 뚫리기 시작하는 것이다. '소떼몰이 방북'은 북한에 대해 오랜 세월 고정관념에 사로잡혀 살아온 나에게 한 편의 드라마처럼 다가왔다. 사람이 저질러놓은 이념의 벽을 순진한 소떼가 타고 넘으면서, 무언의 교훈과 함께 남과 북이 함께 나아가야 할 길을 가르쳐주는 것만 같았다. 이념의 엉킴은 저 끝자락에 놓인 작은 것에서부터 풀어가야 한다는 것을……

현장에서 북측 근로자에게 정주영 회장의 방북 사실을 아는지 물어보았다. 그는 보도에서 보지 못했으며 자기들에게는 별로 중요치 않는 사람이라고 했다. "왜 그러느냐"고 물었더니 "돈 번 사람은 존경하지 않는다"는 대답이었다. "주어진 일에 최선을 다해 성공한 사람은 충분히 존경 받을 자격이 있는 것 아니겠느냐"고 되물었더니 그제야 그도 수긍했다.

정주영 회장이 평양에 머무는 동안 동해안에서는 잠수정 침투사건이 발생했다. 국내 방송에서는 남북의 화해가 진정 가능한 것인지에 대한 회의가 들끓었다. 북한에 있는 우리들은 대저울에 얹힌 꼴이 되어 '정세'에 따라 기분이 오르내렸다. 아무쪼록 잠수정 사건이 처음으로 열린 민족화해의 분위기를 손상시키지 않기를 바랐다.

정주영 회장은 자동차 합작생산, 원산수리조선소, 해외건설 인력분야 공동진출, 서해안공단 등 많은 희망을 남겨두고 판문점을 통해 귀환했다. 특히 금강산 개발에서는 외자를 유치하겠다고 했다.

외자유치에 대해서 나는 언젠가 정주영 회장의 자서전에서 인상적인 대목을 읽었다. 1989년 방북 당시, 북한과의 협상과정에서 정 회장이 개발자본을 외자에서 충당하겠다고 하니까 마주 앉은 북한 측 대표가 비아냥거리며 "자기 돈은 쓰지 않고 남의 돈으로만 하려고 한다"며 불순한 의도를 가진 것이 아닌가 하고 의심했다고 한다. 그래서 정 회장은 "내가 돈이 없어서가 아니라 외자유치를 해야만 돈을 낸 외국 사람들이 관심을 가지고 많이 찾아오게 되고 사업이 성공하게 된다"며 설명을 했다. 그제서야 북한 측 대표들도 진심을 이해하고 협상에 적극적이었다고 한다. 너무나도 당연한 경제상식이었지만, 그 글을 읽으면서 나는 '아!' 큰 바위가 뚫리는 듯한 깨달음을 얻었다.

속후에서 용전리로 이르는 논과 밭에는 벼와 강냉이가 무럭무럭 자라고 있었다. 봄 감자는 이미 수확을 끝냈고, 그래서인지 요즘은 '감지밥'이라고 부르는 감자로 만든 밥을 많이 먹는다. 농부들은 농약을 치고, 몇 사람은 플라스틱 통에 비료를 담아 들고 논에 뿌리고 있다. 지난 봄, 남북비료협상에서 북측이 "비료 없이는 살아도, 자주권 없이는 못 산다"면서 협상을 결렬시켰던 일이 생각나 통에 담긴 하얀 비료가 무척 소중해 보였다.

걸어서 현장을 한 바퀴 돌았다. 현금포전과 신흥포전에는 농민들이 별로 보이지 않았다. 산 위에서 내려다보니 현금마을의 각 가정 텃밭에는 작물들이 많이 자라, 집들이 곧 작물 속에 파묻힐 것만 같았다. 새끼줄을 타고 올라가는 호박 넝쿨도 처마 밑까지 다다랐고, 강냉이는 아마 가슴 높이 정도는 될 것 같았다. 제재소에서는 통나무를 잘라 판자를 만드느라 기계톱 돌아가는 소리가 시끄럽다. 벼는 익어가고 있는데 사람들은 어디로 갔는지 보이지 않았다.

 지난 2월에 남한에서 데려온 진돗개 한 쌍, 수캐인 남이와 암캐인 북이는 몇 개월이 지나더니 중개로 자랐다. 아침 일찍 동료가 남이와 북이를 운동시킨다고 데리고 나갔다가 부근에서 풀을 뜯고 있던 염소를 수캐인 남이가 목을 물어 넘어뜨렸다. 넘어진 염소는 한참 신음하다가 죽었는데 목이 완전히 부러졌다고 한다. 사고는 염소가 뿔로 진돗개를 두 번 밀어내자, 화가 난 진돗개가 뒤로 조금 물러서더니 훌쩍 뛰어 한 입에 염소의 목을 물어버렸다고 했다.

 변상해야겠다는 생각으로 주인에게 염소가 국가 소유인지 아니면 개인 소유인지를 물었더니, 개인 것이며 키워서 "아버지에게 고아드리려고 했다" 한다. 주인아주머니는 오히려 자기가 잘못했다고 사과하고서는 죽은 염소를 끌고 돌아갔다. 북측 근로자 말로는 이곳에서 염소 한 마리 값은 오륙십 원이라고 했다.

 같은 날 새벽에는 현장사무실 경비초소에 밤손님이 찾아들었다. 그리고 오후에는 현장 물탱크에서 화재가 발생했는데 현금마을 농민들이 발견해 연락을 해주어 불을 끌 수 있었다. 참으로 이상한 일이 많이 생긴 날이었다.

 간밤에 소나기가 쏟아졌으나 언제 그랬냐는 듯 활짝 개인 칠월 첫째 날, 농민장날이다. 사람들은 나들이 차림으로 등짐을 메거나 장바구니 혹은 플라스틱 통을 허리에 끼고 삼삼오오 짝을 지어 장을 보러 갔다. 호남리 쪽에서도 농민들이 말쑥하게 차려입고 트럭 뒤에 이십여 명이 올라타 장을 보러 가는지 표정이 밝다. 농장에서 일하느라 얼굴이 그을

린 '아가씨'도 오늘은 하얀 반팔 블라우스에 검정색 바지 그리고 하얀 챙모자를 쓰고 자전거를 타며 신나게 가고 있다. 지나가는 사람의 삼분의 일은 자전거를 타고 간다. 여자들은 아직 자전거 타는 게 서툰지 차가 지나가면 길가로 비켜서면서 자전거에서 내리기가 일쑤다. 현금다리 부근에서 내 차가 지나가자 서툰 솜씨의 아가씨가 자전거에서 뛰어내리다가 넘어져 비명을 질렀다. 넘어지면서 다른 여자와 부딪힌 모양이다. 백미러로 보니 다치지는 않은 것 같아 그냥 지나왔다.

계절은 정확히 한 바퀴를 돌아와 있었다. 초대소 앞 개울에서 꼬마들이 수영을 하기 시작했다. 작년 칠월에 꼬마들이 벌거벗고 물놀이하던 것을 본 것이 엊그제 같은데 벌써 일년이란 세월이 흘러버렸다. 남이나 북이나, 일년은 똑같이 변하지 않는 사계절인가 보았다.

이제 며칠 후면 남한으로 돌아간다. 본사에서 또 다른 북한개발 프로젝트에 참여하라는 지시가 있었기 때문이다. 나는 남북 연결의 디딤돌을 놓는 마음으로 받아들였다.

선생! 앓지 마시라, 그래야 우리 다시 만날 수 있어

무더운 7월, 이제 남한으로 돌아갈 시간이다. 강상리, 양화, 신포, 홍원을 거쳐 함흥에서 경비행기를 타게 된다. 옷깃만 스쳐도 인연이라고 했는데, 아쉬운 작별인사를 나눈 저 사람들을 또 어떻게 기억해야 할지……. 지난 일들이 주마등처럼 스친다. 소탈하고 겸손한 사람들, 삶의 무게가 무쇠같이 짓눌러도 풀빛 같은 아름다움을 간직한 사람들.

함흥에서 탄 AN24 경비행기는 순화강을 건너면서 활주로를 향해 기수를 돌렸다. 멀리 유경호텔이 보이기 시작했다. 곧 착륙할 시간이 된 것이다. 순안공항의 제일은 역시 맑은 공기였다. 하룻밤 묵어가기 위해 평양에 내리는 것이므로 통과수속을 간단히 마치고 공항청사를 빠져나올 수 있었다. 고려호텔로 가기 위해 리무진 버스를 탔다. 7월의 한낮 더위가 이제 가로수 그늘 아래로 비스듬히 숨어드는 시간, 사람들은 일과를 마치고 각자의 발걸음을 뿔뿔이 재촉하고 있었다. 김일성광장에서는 한두 해 뒤에는 숙녀라 불러도 좋을 만큼 된 여학생들이 집단체조

연습을 하느라 광장을 꽉 메우고 있었다. 길가 쪽에 자리잡은 하얀 색 운동복 차림의 여학생 얼굴이 빨갛게 상기되어 땀방울이 흘렀다.

길어진 저녁시간으로 호텔 로비에는 아직까지 드나드는 사람들로 분주했다. 나이 지긋한 재일교포 한 사람이 모처럼 고향을 방문해 호텔 현관 앞에서 오기로 한 친지들을 기다리느라 사거리 너머로 멀리 시선을 두고 있었다. 저녁시간이 지나자 나들이를 마치고 돌아온 일본 중학생 수학여행단들로 1층 기념품 상점은 만원을 이루었다.

세번째 맞는 평양의 밤은 더 이상 낯설지 않고 친근하게 느껴졌다. 이제 아침이 밝아오면 떠나야 한다. 상념의 짐을 꾸리는 이 시간이면 가슴속엔 어김없이 빈 공간이 자리잡는다. 남긴 것은 무엇이며, 얻은 것은 무엇인지? 가슴속 빈 공간이 조금씩 메워지는 것을 느끼며 또 설레는 새로운 변화를 향해 출발한다. 변화는 희망이기 때문이다.

공항까지 안내원이 동승했다. 깡마른 체격인 그는 훈장도 여러 번 받았다고 했다. 훈장 수에 따라 연금이 나오고, 연금은 장자에게 상속도 된다며 나름대로 자기 앞날을 설계하던 사람이었다. 헤어지며 그가 내게 한마디했다.

"선생! 앓지 마시라, 앓지 않아야 우리 다시 만날 수 있어."

"안내원 동무도 건강 조심하시오."

언젠가는 다시 만나겠지만, 그날을 기약할 수 없기에 우리의 작별인사는 가슴 절절한 것이었다. 출국 수속을 마치고 북경행 고려항공이 기다리고 있는 계류장으로 구내버스는 미끄러져갔다.

나는 우리 일행의 끝자리에 앉게 되어 옆자리에 생면부지의 여성과 나란히 앉는 기회를 얻었다. 옷차림이나 태도로 보아 일 관계로 다니는 사람 같았다. '북한 여성일까?' 그럴 가능성은 거의 없었다. 북한 사람과 케도 인원은 항상 떨어져 앉았기 때문이다. 그렇다면 재일동포이거나 중국에 사는 조선족일 것이다.

옆자리에 앉은 사람에 대한 예의로 목례를 하며 "일 마치고 나가시는 길인 모양이지요?" 하고 말을 건넸다. "예, 일 보고 돌아가는 길입니다." 그녀의 신속하고 우호적인 대답은 여러 가지를 의미하고 있었다. 자신에게 경계심을 가질 필요가 없다는 것, 내가 북한 사람이 아니라는 것을 안다는 의미, 그리고 말을 건넨 것이 실례가 아니며 대화를 계속해도 괜찮다는 것으로 받아들여졌다.

그녀는 조선족이었으며 남편과 같이 사업을 하고 있고, 사업관계로 남한에도 들른 적이 있다고 했다. 남북을 다 보아왔지만 아무래도 북한 쪽에 더 기반을 둔 조선족 여사업가의 북한에 대한 소감이 궁금했다. 정치적인 문제에 대해서는 나도 굳이 묻지 않았지만 그녀도 노코멘트였다. 경제상황에 대해서는 안타깝다고만 표현했다.

그녀는 북한의 어느 소비품생산 기업소에 종이를 공급해주는 중개무역자였다. 종이는 중국에서 구매해 공급하는데 간혹은 남한에서 구매해 중국을 통해 들여보내는 경우도 있다고 했다. 남한에서 구매하는 경우 원산지는 제3국으로 표시한다고 했다.

몇 년간 거래해오면서 평양에서 상주했던 2년 동안은 북한 기업소에서 지은 아파트를 빌려 살았다고 했다. 거래하고 있는 기업소도 독립채산제로 운영되고 있었다. 기업소에서 생산되는 물품은 일정부분 정부에 내고 또 일부는 내다파는데, 내다판 돈으로 원자재 구매, 살림집 장만, 식량 구입 등 기업소 운영에 필요한 모든 것을 자체적으로 해결해 나간다고 했다. 이것은 '생산기관이 대외무역까지도 수행'하는 1992년에 수립된 북한의 '신무역체계' 개념이다. 기업소의 무역이 잘 될 때는 여유가 있지만, 잘 안 되면 북한의 경제사정과 상관없이 '식의주'가 힘들어진다고 했다.

몇 십만 달러가 외상으로 깔려 있기는 하지만 자재공급 때마다 전회 자재대금 정도는 지불된다고 하는 것으로 봐서 신용관계는 그런대로 유지되는 것 같아 보였으며, 사업가로서 최악의 상황도 나름대로 가늠해보았다는 눈치였지만 큰 걱정은 하지 않는 것 같았다.

여승무원의 자리 정돈을 요청하는 목소리가 기내방송을 타고 흘러나왔다. 북경이었다. 조선족 여사업가의 살아 있는 이야기를 들으며 평양에서 북경까지 날아온 한 시간은, 내가 북한에서 지내온 일년의 시간과 같이 오래도록 기억 속에 남을 것이다. 어쩌면 남북교류의 가교 역할을 하게 될지도 모르는 그녀의 사업이 성공하기를 바라며 작별인사를 했다. 교류와 협력은 상대방에 대한 이해를 요구하고, 이해의 폭을 넓히다 보면 화해와 평화 그리고 통일과 번영은 불현듯 우리곁에 와있을 것 같은 느낌이 든다. 준비하는 노력이 없으면 기회도 오지 않는다는 생각과 함께 나의 긴 여행도 막을 내렸다.